MRX-Maschine

Fröhliche Wissenschaft 127

Luise Meier

MRX-Maschine

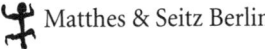
Matthes & Seitz Berlin

Inhalt

Nachbarschaft

Dieses Buch ist neben meinen Geschwistern, den verwandten, halbverwandten und unverwandten, dem Hegelmann gewidmet. Der Hegelmann, dessen bürgerlicher Name entweder nicht genannt oder vergessen wurde, war der Nachbar meiner Neuköllner Wohngemeinschaft. Eines Tages klingelte er an der Tür und bat uns darum, seine Wohnungseinrichtung als Geschenk anzunehmen, um sie nicht dem Gerichtsvollzieher in die Hände fallen zu lassen. Er selbst hatte den Plan, vor den Schuldeneintreibern zu einer Freundin auf die Kanaren zu flüchten. Bis es zur Eskalation einer Situation kam, vor der er sich nur noch durch die Flucht retten zu können glaubte, war er in einem kafkaesken Schriftverkehr mit seiner Krankenversicherung gefangen, die ihn mit Zahlungsaufforderungen belästigte. Seine außergewöhnlich umfassende und mit Sorgfalt betriebene Argumentation schien an der standardisierten Apparatur der Versicherungsverwaltung abzuprallen. Am Vorabend der Zwangsvollstreckung standen wir in seiner Wohnung und wurden hastig mit Einrichtungsgegenständen, darunter eine etwas verklebte, aber doch vielversprechende Plattensammlung samt Plattenspieler, beschenkt. Der Hegelmann war kein Unbekannter. Er hatte ein paar Jahre zuvor während meines Philosophiestudiums des Öfteren in gut besuchten Vorlesungen mit unvermittelten und ausführlichen Hegelverweisen auf sich aufmerksam gemacht und dadurch immer wieder die Inszenierung einer Öffnung der Vorlesung für Fragen aus dem Auditorium an ihre Grenzen gebracht. Sowohl seine Person als auch seine Einsprüche wurden von der Leistungspunkte sammelnden Studierendenschaft sofort als Fremdkörper erkannt. Die unausgesprochenen Regeln der Seriosität hatten sich selbst unter den Erstsemestern nach wenigen Tagen der universitären Praxis schon verbreitet. Das fortgeschrittene Alter, seine unpassende Erscheinung, die zitternde Stimme und sein wildes Gestikulieren waren eindeutige Indizien dafür, dass er nicht zum Establishment der Institution gehörte und also nicht zu jenen zu zählen war, deren Monologen man aufmerksam und andächtig zu folgen hatte. Nicht selten wurde er, in vorauseilendem Gehorsam gegenüber der professoralen Autorität, demonstrativ belächelt und vom Auditorium zum Schweigen angehalten, bevor die Professoren in die Verlegenheit kommen konnten, sich zum Einwurf verhalten zu müssen. In solchen Momenten findet Adornos Rede vom Lachen als Überlaufen zu den Instanzen, die es zu fürchten gilt,[1] ihren Gegenstand.

Es musste natürlich eine Botschaft in dieser nachbarschaftlichen Wiederbegegnung stecken. Vom exilierten Hegelmann und seiner spezifischen Großzügigkeit also bezieht dieser Text seinen Begriff der Solidarität/Verwandtschaft/Militanz, der weder an der Paranoia der anderen noch an der Kapitulation vor dem Ganzen seine Grenze hat.

Enter Maschine von M_RX-Seite

Ein Nichts,
dessen wir uns bedienen,
um anzuzeigen,
wenn wir etwas nicht wissen,
von welcher Seite her
wir es nicht wissen

Antonin Artaud

In jeder Epoche muß versucht werden,
die Überlieferung von neuem
dem Konformismus abzugewinnen,
der im Begriff steht, sie zu überwältigen.

Walter Benjamin

Das ist nicht die Beschreibung der Maschine, das ist die Maschine. Die Augen und die Buchstaben haben sich schon verkoppelt. Spuren der MRX-Maschine-Verknüpfung sind bereits im System nachweisbar. Seit Marx wurden unzählige Mutationen durchlaufen. Jetzt und hier werden bereits neue mutierende Erreger gezeugt. Die immunisierenden Wirkungen des Namens *Marx*, der Genialität, der Originalität, der historischen Distanz, der wissenschaftlichen Autorität, der rationalen Beweisführung lassen nach. Wir bewegen uns schon im Feld der Perversion, der Abweichung, der Mutanten, Mutantinnen und Mutantx. Unbemerkte Penetration und Infiltration. MRX-Maschine ist die Fleischwerdung des *Red Scare*. Die Belebung eines Gruppenfotos aus J. Edgar Hoovers Albtraum. Die Bestätigung der Angst vor der Welle der Unregistrierten. Ein geheimer Zusammenhang zwischen den Verspäteteten, Chaoten, Randaliererinnen, Gammlerinnen und Legasthenikern. MRX-Maschine hat die Metal- und Punk-Taktik übernommen, das eigene Profil als Gegenbewegung zu den Abwehrmustern und Angstfantasien der herrschenden Ideologie zu entwickeln[2]. Statt Fitness, Gesundheit, Keimfreiheit und Harmonie zu huldigen, werden obsessiv mannigfaltige Verwesungsprozesse, Seuchen, Körpersekrete und Krawallexzesse besungen. Der rechte Kampfbegriff des »Kulturmarxismus«, der sich hinter den Kulissen verschwöre, alle Gesellschaftsbereiche infiltriere und mit ökonomiefernen Diskursen maskiere, um die gesellschaftlichen Verhältnisse umzustürzen oder vielmehr hinterrücks auszuhebeln, wird von MRX-Maschine als Herausforderung, als Auftrag angenommen. Man trifft sich in den Archiven, Aktenschränken, Überwachungs- und Behandlungsprotokollen der *Moral Panics*. In den Krankenakten, in den Löchern der Anwesenheitslisten, in den Verzeichnissen der Sozialleistungsbezieher. Es gibt kein familiales Band. Die Sterilisierten und Kastrierten, die kinderlos Zu-früh-Gestorbenen, die polizeistaatlich verhinderten, die Untergetauchten sind von der Vater-, Mutter- und Schwesternschaft nicht ausgeschlossen. Ein geheimer Gruß geht auch an die nach Urin duftenden, die mit Klein- und Kleinsttieren lebenden, die schwankenden, die desorientierten, die zahnlosen, ungepflegten, suchtenden und vor sich hinstarrenden Genossen. Ein manisches Augenreiben, bis auch die in den Minenschächten Verschwundenen, in fensterlose Fabriken Eingeschlossenen, in Slums Verschütteten in den Blick kommen. Proletarische und bürgerliche, polymorph perverse, weibliche und männliche, weiße und nicht-weiße, homosexuelle, umweltschützende, einwandernde, antikoloniale, kinderlose, kriminelle, drogenabhängige, unerzogene, impotente, defizitär aufmerksame, erwachsene und überreife, ausbeutende und ausgebeutete Elemente haben bereits mit der Übertragung der vertraulichen Daten und der Verwirrung der Sinne begonnen. Die Roten sind nicht im Anmarsch, sie sind schon da – wenn auch als vorläufig Besiegte und Gescheiterte. Schläferzellen, die man auch schlafen lassen kann, sofern sie vom Erwachen träumen.

Die Bewegung von MRX-Maschine folgt nicht der Seriosität als Impuls, um der Selbsterhaltung willen den Leichtsinn abzustoßen und Marx von Murx zu scheiden. Da ist ein Oszillieren zwischen beidem, durch das hinein- und hinausgeschlüpft werden kann. Es fehlt (noch, man muss sich beeilen) die Eindeutigkeit, um in den Algorithmen der Suchmaschinen verwertbar zu sein. Proletariat als Fußabdruck des Kapitals, als vom Aufprall bedingte Schwellung, kümmert sich nicht darum, Form oder Haltung zu wahren. Es ist die Klasse, die ihre Destruktion herbeisehnt, die von der Zukunft ihres Verschwindens aus gedacht werden muss. Der Stolz oder die Verteidigung der Konsistenz ihres Status quo ist nicht haltbar.

Im MRX-Maschine-Kontext fungiert Proletariat wegen seiner Desintegrationsbereitschaft als *Mutation Engine*, als Polymorphismus-Motor, als Mannigfaltigkeitszentrum, als schwarzes Loch. MRX-Maschine ist keine Therapie, die für etwas (schöne Haare, feste Nägel und gesteigerte Konzentrationsbereitschaft) verschrieben wird, sondern eine Pille gegen das Proletariat. Oder mit den Worten des »Bluesologen« Gil Scott-Heron:

The revolution will not give your mouth sex
    appeal
The revolution will not get rid of the nubs

The revolution will not make you look five
    pounds thinner […]
The revolution will not go better with Coke
The revolution will not fight the germs that cause
    bad breath
because the revolution will not be televised,
    Brother[3]

MRX-Maschine verwickelt sich in paradoxe Strategien als Antwort auf paradoxe Situationen innerhalb des Systems, das Bell Hooks treffend als
imperialist white supremacist capitalist patriarchy
beschreibt. Es hat viele Namen. Jeder dieser Namen lädt dazu ein, den herrschenden Zustand
mit Fragen zu löchern – in ein Was-wäre-wenn
zu verschwinden. Zumindest für die Dauer dieses Verschwindens wird man für den Apparat
der Systemreproduktion unbrauchbar. Sich zum
Loch machen, zur Stolperfalle, zur Informationslücke. Vom proletarischen Blickwinkel aus ist die
Vielfalt der Ausbeutungsstrukturen das sich
ständig erweiternde Wirkungsspektrum des Kapitalismus, Variation des Wertgesetzes, Mutation
der Warenform. Von anderen Punkten aus treten
andere Züge in den Vordergrund: Kolonialismus,
Nationalismus, Ableismus, Altersdiskriminierung, Heteronormativität, Psychonormativität,
Rassismus, Fabrik- und Minenarbeit. Die Liste
der Variationen ist parallel zum Mutationspoten-

zial des Proletariats nicht abschließbar. MRX-Maschine pirscht sich über die Frage der Arbeit und der Arbeitsverweigerung heran. *Prol-mutantinnen* kennen Arbeit nicht nur als Ausbeutung, sondern auch als Kollaboration. Mit dieser Spaltung, dieser Form von Travestie hat es MRX-Maschine zu tun. *Prol-mutation* und Kapitalmutation sind vielleicht nicht die historisch ersten Erscheinungsformen der Ausbeutung/Kollaboration, aber von diesem Text aus gesehen sind sie die nächsten. Die Geschichte lässt sich auch ausgehend vom Patriarchat, von der Sklaverei, von der Ressourcenextraktion erzählen oder vom Rassismus. Klassentrennung, Rassentrennung, Geschlechtertrennung. Ein großes Schneiden. MRX-Maschine versucht sich an einem wuchernden Übersetzen, das keinen Ursprung, kein Original hat und keine Zusammenfassung zur effektiveren Informationsverarbeitung kennt. Hier wird statt der Politik der Kürzung schon der Überfluss geprobt. Das Sprechen kommt von der Seite der Überflüssigen nicht als Botschaft und Information, sondern als Lawine und Wortschwall. MRX-Maschine, im Wechselspiel von Tippen, Googeln, Löschen, Starren, Anstreichen, Kritzeln, Bücher-Auf-und-Zuklappen, Kopieren und Einfügen geschrieben, ist der Versuch hinter der Sexyness des Designs, durch den betörend und gleichzeitig verhörmäßig leuchtenden Screen hindurch einen Blick auf die Lieferkette zu erhaschen und auf diejenigen Maschinengeschwister, die in ihr verkettet sind. *MRX* ist so gesehen mehr die raumzeitliche Bestimmung *eines* Eingangs in den Ameisenhaufen als die Draufsicht des überfliegenden Auges. Nur bedeutet das nicht, dass sie sich von der Fährte des Kapitals zurückpfeifen ließe. Solange die Warenform den Text verfolgt, verfolgt der Text die Warenform. MRX-Maschine kann und will sich nicht gegen den Vorwurf verteidigen, nur Label, nur Hülle, nur Style, nur Tin Man ohne menschliches, ohne echtes Herz und Wesen zu sein. Sie ist nur der Stuntman, das Double, Special Effect, Abwesenheitsnotiz. MRX-Maschine ordnet sich das Feld nicht gemäß der kausalen Hierarchie von Haupt- und Nebenwidersprüchen unter. Sie verbindet, erforscht und versammelt Elemente der Destabilisierung. Die Fragen richten sich nicht auf Gründe und Begründungen, sondern auf die Stabilität und Destabilisierung von ideologischen Konfigurationen. Ansteckung, Vibration und Drehung, bis das bürgerliche Subjekt zerfällt und mit dem Auge des Virus zu sehen beginnt. MRX-Maschine erfordert ein manisches Schütteln, Kettenrasseln, Experimentieren und Collagieren, bis die *Konstellation des Erwachens*[4] aufblitzt, die Benjamin in Aussicht stellt. Sie erkennt den Kaufvertrag nicht an, demgemäß sie Lösungsvorschläge oder

Erkenntnisse zu liefern habe. Am Ende kann nicht die abgepackte, tiefgefrorene und geruchsneutrale Dosenkonklusion stehen. Man kann den Text, wie die Holzdiebin den Wald, nur abseits der Wegweiser durchstreifen. MRX-Maschine kann nicht auf die stringente logische Argumentation und chronologische Geschichtserzählung vertrauen, wenn sie sich nicht in der Arbeit an Orientierungs- und Leitsystemen erschöpfen will. Die Verbindung ist keine, die im Rechtsrahmen der Gegenwart vorgesehen ist. Sie ist zukünftig und utopisch ausgerichtet, extraindividuell, *extraterrestrial brotherhood*[5].

Die Begriffe, nicht *Leit*begriffe, sind nicht für die Ewigkeit gemacht, haben ihren Bestimmungsort noch nicht gefunden. Sie sind noch immer unbefriedigt, untote Ansprüche. Sie sind abgestandene Verkrustungen, Reste von Tabakasche auf dem schmutzigen Geschirr, vor denen sich der preußische Regierungsspitzel, der mit der Überwachung des MRX-Chaos betraut war, so geekelt hat.[6] Aufgeräumt wird morgen, und ohnehin: Proletariat ist keine Identität, es hat kein Wesen, es hat als Krankheit, nicht als Besitz, was aus ihm gemacht wird, bis es sich transformiert. Es ist leer, ein Loch. Es ist zersplittert in alle möglichen kollektiven und getrennten Identitäten. Es existiert als das, welches eigentumsmäßig ausgeschlossen ist von den Produktionsmitteln –

zu denen es als lebendiges Produktionsmittel selbst gehört. Es ist nicht mit sich selbst identisch. Dieser Ausschluss kreiert keine Sphäre, die im Inneren frei wäre. Er teilt die Karte nicht nur einmal in Unterdrückte und Unterdrücker, er zieht keine geschlossenen Kreise. Die Trennlinie bildet vielmehr eine Spirale, die sich weiterschraubt, je weiter wir ihr folgen. Das Proletariat ist keine Position der Unschuld, sondern die Auflehnung gegen die Tatsache, dass es im Kapitalismus keine Unschuld gibt. Insofern kann MRX-Maschine nicht dazu aufrufen, dieses oder jenes Instrument oder System im Namen der Unschuldigen produktiv zu machen. Es ist kein Aufruf zur Regierungsbeteiligung und keiner zur Einheit. Proletariat ist ein Zombiebegriff, einer, der nicht gegen die Toten und Gescheiterten abschließt, der nicht mit dem neusten Modell, dem unbelasteten Namen die widersprüchliche Vergangenheit ersetzt. Proletariat und MRX-Maschine ist kein Neuanfang des Diskurses, kein Name, der vorgibt, schon *die* Revolution zu sein, nach der er ruft.

MRX-Maschine ist antiautoritär, aber auch der Begriff des Antiautoritären ist nicht haltbar zu machen. Er lässt sich nicht in der Erziehungsmethode standardisieren und ist nichts, was sich den anderen antun lässt. Das Antiautoritäre lässt sich nur über Ansteckung verbreiten, es lässt sich nicht verschreiben und nicht als Heilmittel an-

wenden. Die Wechselbeziehungen zu antirassistischen und queerfeministischen, aber auch zu antikolonialen, psychiatriekritischen und anderen
verwandten Kämpfen sind geheime Tunnelsyste-
me, lose Verkabelungen und das Aufeinander-
treffen von Luftwurzeln: Austausch von Waffen,
Taktiken und Diskursen und das gemeinsame
Problem der Stabilität/Bindungskräfte des Status
quo. MRX-Maschine kann das Faktum der Isolation, die Wunden der Jahrtausende des »Teile
und Herrsche« nicht überschreiten und nicht mit
neuen Labels überkleben. Aber in dem »Teile und
Herrsche« selbst steckt eine Form von Gemeinschaft – nicht Gleichheit. Das ist die Richtung,
von der her MRX-Maschine sich dem postkolo-
nialen Blick nähert, ihn auszuhalten versucht,
ohne sich seiner zu bemächtigen. MRX-Maschine
ist keine Maschine, die läuft. Sie kann nicht »Instant Gratification« anbieten, ihr fehlt das ›A‹, weil
es eine Lücke zu Marx als Autorität geben muss,
einen Abstand, ein Missverständnis, eine Fehlerquelle. Kein Alpha also, keinen Alpha-Marx, keinen sauberen Ursprung und keinen schöpfe-
rischen Geist. Die Hälfte der Zeit mindestens
muss an der einen oder anderen Stelle repariert,
justiert und gewartet werden. Was sie an Gewinn
einbringt, braucht sie sofort wieder auf. Es ist
eine Beziehung geworden, in der beide Seiten
nicht mehr auf die Amortisierung der anderen

warten, was, wie das *mort* im Wort verrät, die Beziehung beenden würde. Wir arbeiten aneinander, Elemente an- und abschraubend. In einer Erzählung über Neapel spricht Alfred Sohn-Rethel, an Walter Benjamin erinnernd, vom »Glücksarsenal des Kaputten«.[7] Das ist eine andere Form der Beschreibung, eine Verwandtschaft von Kaputtem, die nach dem Rest sucht, die sich an der störungsbedingten Vergeudung von Arbeitskraft und Arbeitszeit nicht stört. Der Rest, der nicht im Marktgeschehen aufgeht, der sich nicht a*morti*siert. Es gibt eine Solidarität zwischen Arbeiterin und Maschine, wo wegen der kaputten Maschinerie das Werk geschlossen bleibt. Ein Streik, der vom Material ausgeht. Die nie endende Verstrickung in die Reparatur, die den Knoten der Gemeinschaft bildet, kann von Sabotage nicht unterschieden werden. Die kaputte MRX-Maschine, die ohne ›A‹ operiert, versucht sich der Absorption durch die Kapitalmaschine zu entziehen. Sie setzt als soziale Maschine, statt auf Vergleichbarkeit und Kommensurabilität, auf das Teilen der Wartezeit und des Reparaturprozesses. Sie funktioniert nur, weil und solange sie kaputt ist. Sie ist kaputt, solange der Begriff des Funktionierens an das Kapitalgesetz gekettet ist.

Auch Maschinen, vor allem solche, die funktionieren, sind ebenso wenig wie Proletarier und Proletarierinnen schuldlose Instrumente der Macht, die man einfach für das Gute produktiv machen könnte. Die Abtrennbarkeit der Maschine vom System seines Gebrauchs, der Kapitalakkumulation, ist eine Illusion, die aus der Warenförmigkeit der Maschinen resultiert. Man muss sich von den Toten ans Bein pissen lassen. »Little Boy« und »Fat Man« hießen die Atombomben, die Hiroshima und Nagasaki verwüsteten. Wie verhält sich (Cyber-)Feminismus zur »MOAB – Mother of all Bombs«, die im Jahr 2017 über Afghanistan abgeworfen wurde? In welcher Beziehung stehen Nerd-Kultur und Code-Utopien zur IBM/Dehomag-Lochkartentechnik, die bei der NS-Führung als smarte Wunderwaffe Begeisterung auslöste? Die Maschine hat eine Geschichte, die bis zur Navigation Kolumbus' in die »Neue Welt«, bis zu den Schrecken der Conquista und weiter zurückreicht. Es gibt Trümmer, die auch, wenn sie längst übergestrichen und beräumt worden sind, die Erinnerung an die Panzer- und Schusswaffen-Maschinen aufbewahren. Sie sind nicht Ausdruck einer Beilegung der Konflikte und einer harmonischen Welt, sondern dessen, dass übermalt und beräumt wurde und wird. Es blitzt ein Verdacht auf, der Krieg könnte nicht vorbei sein, sondern lediglich die Uniformpflicht wurde aufgehoben. Befehlsstrukturen wurden optimiert. Man erkennt am bloßen Blick in den Spiegel nicht mehr, auf welcher Seite man steht.

Dafür weiß der smarte Spiegel am Selfie-Stick ziemlich genau Bescheid.

Statt sich durch die Schöpfung neuer philosophischer Schulen in vermeintliche Neutralität zu träumen, statt sich nackt, scheinbar neugeboren, ohne den historischen Verweis, nur in Gegenwart gehüllt, ohne die verräterische Sprache zu sprechen, auf die Bühne zu stellen, schlägt MRX-Maschine, Heiner Müller zitierend (der Paul Virilio zitiert), die »Allianz der Schuldigen«[8] vor. Für einen Text, für das Proletariat, für die Maschine, für Marx, für den Feminismus ist damit ein Sammelpunkt, eine Universalie ausgesprochen, mit der man sich, und darin liegt ihr Vorzug, nicht zufriedengeben kann.

> Es gibt den Satz von Benjamin: »Daß es ›so weiter‹ geht, ist die Katastrophe.«
> Und es gibt die Technik, der Arbeit oder dem Militärdienst zu entgehen, indem man erkrankt oder verunfallt.
> Und es gibt Rosa Luxemburg, die schreibt: »Aber die Revolution ist die einzige Form des ›Krieges‹ – auch dies ihr besonderes Lebensgesetz –, wo der Endsieg nur durch eine Reihe von ›Niederlagen‹ vorbereitet werden kann!«[9]
> Und ihr Hinkebein, das Lyotard befällt und der dann über Freud meint, der wiederum

Rückert zitiert (»Was man nicht erfliegen kann, das muß man erhinken.«):

»Das Hinken ist eine Affektion, die sich auf Raum und Zeit bezieht, es ist kippbare Ausdehnung und stammelnde Dauer, der Hinkende *weiß nicht*, ob er an die Zeit und an den Raum glaubt, während der, der fliegt, davon *überzeugt* ist.«[10]

Die Tür ist also schon einen Spalt weit offen. Da hindurch breitet sich MRX-Maschine aus.

<u>>>> SUBSCRIBE NOW AND GET WORD-LY MRX-Maschine-UPDATES<<<</u>

Scheitern, Blaumachen und Verweigerung als proletarisches Moment gegenüber einer überall sehr chefig auftretenden Ideologie der Produktivität und Ergebnisorientierung. Die bürgerliche Ideologie ist eine erstaunlich variationsreiche Begleiterscheinung der kapitalistischen Organisation all unserer Lebensbereiche. Ideologiekritik muss also auf diesen Zug der Variationsmanie des Kapitals aufspringen. Wo alles verwertbar wird, kann das Proletariat nicht weit sein. Die Entgrenzung der Arbeit zieht eine Entgrenzung des Proletariats nach sich. Das *unternehmerische Subjekt* kann nicht die Instanz des Unternehmens und den Mechanismus als Selbstausbeutung internalisieren, ohne gleichzeitig ein Moment des Ausgebeuteten/Proletarischen zu produzieren. Es findet eine Inversion des Proletariats als Klasse statt. In deren Folge ist das Individuum nicht Teil des Proletariats, sondern das Proletariat Teil des Produktionsprozesses der eigenen Identität. Wir haben es mit proletarischen Splittern zu tun. Es ist das *mich*, das ich motivieren muss. Ich als Unternehmerin, die *mich* an die Anforderungen des Arbeitsmarktes anpasst. Ich als Fitnesstrainer, der *mich* für die Strandfigur fit macht. Ich als Gesundheitscoach, der *meine* Darmflora überwacht. Ich als Marketingexpertin, die für *mich* den besten Club raussucht, *meine* Likability checkt, und schließlich als Finanzberaterin, die *mich* auf Schnäppchenjagd durchs Netz hetzt. Folgt man der unternehmerischen Logik des Produktionsprozesses von Identität, die auf der Entfremdung/dem Ausschluss des Proletariats vom Produkt seiner Arbeit basiert, nimmt es nicht wunder, dass auch das innere Proletariat am Ende keinen sicht- und sagbaren Anteil an seinem Arbeitsprodukt hat. Das Proletariat ist nach erfolgreicher Selbstoptimierung weggepudert, wegfrisiert, abgewaschen, überwunden. Wenn ich *mich* einmal zusammengerissen habe, wo versteckt sich das vormals Un-Zusammengerissene?

Das kann sich jetzt kurz ein bisschen seltsam

anfühlen: MRX-Maschinen-Sonden-Einführung als Reaktion auf das unternehmerische Subjekt, als Verfolgung der Internalisierung des Klassenkampfs. Wenn das Unternehmertum einen bis ins Schlafzimmer verfolgt, ist es sinnvoll, die Instrumente des Klassenkampfes nicht im Spind oder im Gewerkschaftshaus liegen zu lassen. Den Pflug durchs Wohnzimmer und die Schnittstellen der digitalen Datenplantagen zu ziehen, die versteinerte Erdkruste zu öffnen, durch die Brille des Wertgesetzes zu sehen, ist ein Trip, der nicht zur beruflichen Weiterqualifizierung und nicht zum Aufbau einer straffen Gewerkschaftsbürokratie taugt. Die proletarischen Spuren lassen sich nicht in der Mitgliedskartei verzeichnen. Trotzdem wird sich die Suche nicht auf den Privatbereich beschränken können. MRX-Leaks. Die Rede von der Internalisierung und dem inneren Proletariat ist keine Einschließung in die Innerlichkeit, sondern die Verfolgung der Linie der Ausbeutung/Kollaboration, die die Grenze zwischen dem Individuum und der Gesellschaft durchkreuzt. Die Grenze wird durch Ausbeutung erst gezogen. Das Feld des Proletarischen wird nicht solipsistisch in das Feld des Individuums verschoben, sondern angebunden und erweitert.

Der Text, der hier als Laboratorium der Proletariatsverpflanzung entsteht, bestreikt Marx als

Kapital der Wissenschaft, an dem es sich seinen Arbeitsvorgaben gemäß als Lohnarbeiterin zu verdingen gelte. Wenn die Ausgangslage eine Welt ist, die mit allen Mitteln versucht, uns zum arbeiten zu verleiten, will MRX-Maschine mindestens selbst als Verschwendung von Arbeitskraft und Lebenszeit fungieren.[11] Ihr Motto ist das Paradox: Jede leistet ihren Beitrag zum Projekt, keinen Beitrag zu leisten. Oder Marx:

»Aber ich muß meinen Zweck durch dick und dünn verfolgen und der bürgerlichen Gesellschaft nicht erlauben, mich in eine money-making machine zu verwandeln.«[12]

MRX-Maschine kommt aus den Bettelbriefen des Geldverschleuderers gekrochen, über die die bürgerliche Gesellschaft bis heute schmunzelt, als wäre Marx mit seinem »Scheitern« am kapitalistischen System das theoretische Scheitern nachzuweisen. Erfolg, heißt es, sei das Maß, das allein in monetärem Reichtum (heute auch: medialer Aufmerksamkeit) und bürgerlicher Verantwortlichkeit gegen Freunde, Familie und Gläubiger bemessen werden könne. MRX-Erfolg wäre aber viel eher, dass die Kategorie des Erfolgs keinen Sinn mehr ergibt. Oder mit den Worten des prol-loving Kommunistenrappers Boots Riley »I got love for the underdog«.[13]

Die Utopie, die MRX-Maschine mitschleift, geht über die zeitlich begrenzte Entbindung vom Produktivitätsimperativ, über Wellness als Reproduktion der Arbeitskraft hinaus:

»Die Philosophie kann sich nicht verwirklichen ohne die Aufhebung des Proletariats, das Proletariat kann sich nicht aufheben ohne die Verwirklichung der Philosophie.«[14]

Aufhebung des Proletariats, Revolution, wird klassischerweise als Aneignung der Produktionsmittel vorgestellt. Wobei bei Produktionsmitteln an konstantes Kapital, Fabriken, Maschinen, Technologien gedacht wird. Mit der *Enteignung* der Fabrik verschwindet das Verhältnis, das Lohnarbeit produziert. Das Ganze lässt sich aber auch von der anderen Seite anpacken, indem man dem Kapitalverwertungsprozess die lebendigen Produktionsmittel (im *Kapital*-Sprech [v], wie variables Kapital oder Vendetta genannt), die Arbeiterinnen entzieht. Diese Form des Entzugs oder der Enteignung und proletarischen Aneignung lebendiger Arbeitskraft ist *Streik*. Soll der Streik als Waffe in den entgrenzten und zersplitterten Händen des Proletariats wirksam, das heißt zum Sammelpunkt werden, muss MRX-Maschine auch hier Zoom und Nachtsicht auffahren. Die mutierten Schwestern versammeln.

Verwirklichung der Philosophie, Aufhebung des Proletariats besteht darin, dass Leute nicht mehr arbeiten. Arbeitskraft wird nicht umgeleitet, sondern aufgelöst. MRX-Maschine ist Sabotage an den ideologischen Apparaturen, die uns als uns als Ressource verzeichnen. Was passiert, wenn die innere Arbeiterin nicht mehr im Dienst des inneren Unternehmers das Selbst beackert?

Streik! Und dann?

Ausfällig werden

Der Ausfall A. Reiter

Ingeborg Bachmann hat in der Erzählung »Der Schweißer« den seltsamen Zwischenraum geöffnet, in dem der Streik getarnt als philosophische Krankheit/Verwirklichung die Grenzen dessen, was privat, was politisch, was praktisch und was philosophisch ist, übertritt. Die Geschichte beschreibt die Transformation des Lebens des Schweißers Andreas Reiter, der in der Kneipe Nietzsches *Fröhlicher Wissenschaft* begegnet. Mit der Überschreitung der Klassen- und Bildungsgrenze bildet der Text eine Wirkung aus, die über die Grenzen der bildungsbürgerlichen Wissensakkumulation, die Anwendung des akademischen Codes hinausschießt. Der vormals »fleißige[r], brave[r] Mensch« geht nicht mehr arbeiten. Andreas Reiter kümmert sich nicht mehr um seine

Familie, lässt seine Frau und schließlich sich selbst sterben. Das Buch befällt den Schweißer als Krankheit und entzieht der ganzen sozial-demokratisch erträglich gemachten[15] Ordnung seines Lebens die Legitimation. Selbst die manische Lektüre anderer Texte verschärft den Zustand, anstatt ihn in Form eines zynischen Relativismus oder einer extrahierten Antwort zu heilen. Er blickt aus den Augen eines Fremden auf seinen Platz in der Maschine zurück, der ihn als Schweißer, als Familienoberhaupt, als Versicherten und Freizeitler konfiguriert. Die Krankheit widersteht selbst den Versuchen eines Arztes, den Schweißer durch verständnisvolles Zureden wieder mit der gesellschaftlichen Apparatur zu verketten. Der philanthropisch, moralisch, paternalistisch um das Wohl des Arbeiters besorgte Arzt kann den »eingebildeten Menschen« nicht dazu bringen, selbst sein Bestes zu wollen. Die lohnarbeitsmäßige und patriarchale, also pragmatische Anbindung des Erkrankten ans System scheitert an der philosophischen Infektion durch den Zweifel, der schließlich den stärkeren Sog erzeugt. Hier liegt das dreckige Geschirr in der Ecke, und einer *weiß nicht*, ob er daran *glaubt*. Es gibt keine cartesianische Methode, keinen Gott mehr, um den Sinn einer Rückkehr ans Schweißgerät zu garantieren. Neben der philosophischen Infektion taucht als Aussicht der Erzählung ein weiteres Verbindungsmuster auf, eine seltsame *Kameradschaft*, die am Ende steht:

Die Kapelle der Arbeiter seines Bezirks spielte am Grab [des Schweißers, L. M.] »Ruhe sanft« und »Ich hatt' einen Kameraden«.
Der Doktor entfernte sich, in Begleitung des Ober Franz, als erster vom Friedhof. »Ich hatt' einen Kameraden«, sagte er laut und entrüstet. »Das ist der reine Hohn!« Der Ober sah ihn von der Seite an und schwieg. »Wenn man weiß, was ich weiß«, murmelte der Doktor ohne Erklärung. Dann sagte er laut: »Aber doch, wenn man weiß, was ich weiß, dann stimmt es. Wenn man es genau nimmt, dann stimmt es wieder«.
»Meine Verehrung«, sagte der Ober und verabschiedete sich.[16]

Die Kameradschaft der *Versehrten* vielleicht oder der *Entgleisungen*, statt derjenigen der betriebsfinanzierten obligatorischen Teambildungsseminare, aber eine endgültige Erklärung dieser Übereinstimmung gibt es nicht.

Proletariat als »Auflösung«, »als negatives Resultat der Gesellschaft«.[17] Darum geht es bei der Konnektivität, die MRX-Maschine zur Übertragung und Vermehrung von Auflösungskraft anstelle der Arbeitskraft ausbildet.

Das Muster der ansteckenden Lektüre fixiert das Verstehen nicht auf den Namen des Autors oder die Einheit des Textes, sondern führt zu einem Transformationsprozess in der Apparatur der Lesenden, durch Splitter, die sich vom Text ablösen. Man stößt mit Sätzen oder nur auch Begriffsverkettungen zusammen, die die Zusammensetzung der Welt und des Selbst verändern. Ein neues Protokoll wird initialisiert. Die Erfahrung reproduziert die Arbeiterin nicht als Arbeiterin + Wissensware, sondern als wandelnden Widerspruch. Die Ansteckung, die Kameradschaft, die aber noch interessanter ist, ist die zwischen dem Schweißer und dem Arzt. Dessen moralische und rationale Behandlungs- und Reintegrationsversuche schlagen fehl, und trotzdem oder deswegen wird er zum Kameraden/Infizierten. Die Kameradschaft geht nicht von einem Lösungsangebot aus.

Der Ausfall Kranewitzer

In Bachmanns Roman *Malina* taucht eine ähnliche Kameradschaft zwischen der Ich-Erzählerin und dem Briefträger Kranewitzer[18] auf, der von einer gleichermaßen fundamentalen philosophischen Berufsunfähigkeit erfasst wird, diesmal nicht durch ein Buch (einen Inhalt), sondern

»ohne daß er Gründe anzugeben vermochte«. Trotzdem gibt es eine Ansteckung, die diesmal per Prozessbericht vom Postboten auf das erzählende Ich übertragen wird. Nicht durch *etwas*, sondern durch das Fehlen der Begründung. Es geht dabei nicht um einen transzendentalen Zweifel. Das Ich vermutet vielmehr, dass dem Briefträger Otto Kranewitzer »die ganze Tragweite seines Unterfangens aufgegangen war«. Der Zweifel entzündet sich an der Apparatur des Postwesens, die er mitverkörpert. Die Kameradschaft kann sich nicht mehr auf sie als Träger ihrer Berufe oder Rollen der bürgerlichen Ideologie beziehen, sondern nur als Herausfallende oder Umfallende. Sie besteht auch in einem körperlichen Unvermögen weiterzuarbeiten/zu funktionieren. Auch dem Schweißer brennen die Augen erst jetzt, da er mit dem Schweißen aufgehört hat. Philosophie, die sich nicht auf das Gewerbe der Verlegung von Bodenplatten für den Bau wissenschaftlicher Verwahrungsanstalten beschränkt, ist ein destruktives, in vielerlei Hinsicht mörderisches Unterfangen. Es ist Lösung im Sinne von Zersetzung viel mehr als das Ausmerzen von Problemen oder das Zuspachteln von Löchern. Es ist ein Balancieren auf den Anstaltsmauern, das sich in der Gemeinschaft weiß mit den Brüdern und Schwestern, den Genossinnen und Genossen, die sich in Konstellationen der Betreuung, Beobachtung, Behandlung und Bewachung wiederfinden.

Die Ausfälle[19] Reiter und Kranewitzer betreffen mehr als eine Position im System der kapitalistischen Arbeitsteilung. Sie betreffen die Verbindung, die Ordnung, die Ermöglichungsstrukturen. Die spezifischen Arbeiten, die unterbrochen werden, weisen über fordistische Fabrikarbeit hinaus. Der Schweißer, der die Straßenbahnschienen flickt, und der Postbote, der das Briefgeheimnis wahrt, fungieren nicht allein als Arbeitskraft, die sich in Mehrwert übersetzt, sondern garantieren das Funktionieren des ganzen Gesellschaftszusammenhangs. Es blitzt noch eine andere Art von Ausbeutung auf, als die des Arbeiters durch das privatwirtschaftliche Einzelunternehmen. Schiene und Post sind logistische Zirkulationsapparaturen, von deren Reibungslosigkeit und Neutralität das System abhängt – Datenübertragung und Güterverkehr. Die Auseinandersetzung der Ich-Erzählerin Bachmanns mit dem Briefgeheimnis, worin sich die philosophische Ansteckung bemerkbar macht, betrifft diese Neutralität, die absolute Trennung zwischen Zirkulations-, Produktions- und Konsumtionssphäre.

In einer solidarischen Gesellschaft kann er sich 34 Erfüllung und Freude bring

>>>NOW_ !_NOW**FAST BUY SUPER SALE**>>>>

**Wir kümmern uns um den Rest♥

Die Trennung aller Produzentinnen voneinander, nicht nur von den Arbeiterinnen der Billiglohnzonen, bewirkt eine Intensivierung der Beziehung der einzelnen Lohnarbeiterinnen zu ihren Arbeitgeberinnen und den Markennamen ihrer Konsumgüter als wohlmeinende vermenschlichte Versorgerinnen. Der gesamte Produktionskreislauf tritt aus dem Bewusstsein. Es ist Nike, das meine Schuhe *entwickelt*, und dieses oder jenes Label, das meine Klamotten *designt*, der Held Steve Jobs, der das iPhone *erfindet*, und die sympathischen Ikea-Designer aus dem Katalog *entwerfen* Möbel, und Starbucks *kreiert* diesen superleckeren Kaffee. Die Frage des Lohns, den die freundliche Firma, bei der ich arbeite, mir zahlt, ist wiederum keine Frage des kapitalistischen Systems, der Eigentumsverhältnisse und des Arbeitskampfes. Vielmehr wird es so dargestellt, als ginge es um das persönliche Verhältnis zwischen mir und meiner Vorgesetzten. Bin ich selbstbewusst, kann ich meine Interessen vertreten, meine Kompetenzen beurteilen und überzeugend darstellen? Oder muss ich meinen Kompetenzbereich erweitern, mehr Einsatz zeigen? Was bin *ich* dem Unternehmen wert? Mag mich meine Chefin? Hat sie meine Leistungsbereitschaft auf dem Schirm? Stimmt meine Chefin einer Gehaltserhöhung zu, erweitert sie meinen Kompetenzbereich, deute ich es als Vertrauensbeweis. *Sie* setzt ihr Vertrauen in *mich*. Mein Lohn, so erscheint es jetzt, steht in direktem Zusammenhang mit diesem Vertrauen. Mit dem Geld von meiner Chefin kann ich jetzt ein sexy iPhone kaufen und das Nokia-Ding (Wer ist nochmal Nokia?) wegschmeißen, denn Nokia bringt es einfach nicht mehr. Leute der Mittelklasse und Teile der standortbedingt privilegierten Arbeiterklasse fühlen sich von den Konzernen permanent beschenkt, bestraft, gelobt oder beleidigt, als wären diese der Weihnachtsmann, der seine Entscheidung davon abhängig macht, ob man auch ordentlich sein Potenzial ausgeschöpft hat. Amazon setzt in seiner Werbung mit Vorliebe Tiere und Babys und schwebende luftige Musik mit hauchenden Stimmen ein. Tiere und Babys sind die einzigen emotionalen Bezugsobjekte, auf die wir unsere Sehnsucht nach authentischen zwischenmenschlichen Begegnungen noch projizieren können, denn sie haben kein Bankkonto, können unseren Job nicht machen und ranken, liken oder blocken uns nicht. Sie dürfen dumm sein. Niedlichkeit ist das Gesicht des neutralisierten Liebesobjekts, von dem keine Gefahr ausgeht, das sich nicht wehren kann. Niedlichkeit als ostentative Hilflosigkeit, die nicht nur garantieren soll, dass unsere Hilfe wirklich gewollt ist und unser Ego als mächtige Wohltäter nicht gekränkt wird, sondern die Garantie umso sicherer macht, weil sich das Objekt unserer Hilfe und Zuneigung gegen unsere Hilfe und Zuneigung nicht wehren kann. Die nackte Frau und die Hundewelpen teilen in der Werbung die Funktion der Egostabilisatoren. Egostabilisatoren gegen die Angst, innerhalb der amazon-Maschinerie nur ein winziges Rädchen zu sein.

Wenn der Service nicht läuft, dann verpetzt man die Servicemitarbeiterin oder die Kollegin, das oft so unfaire Geschwisterkind, beim Übervater. Überall fliehen die kleinen Beamten, Angestellten und Facharbeiterinnen vor dem Wissen um die eigene Ohnmacht in Pseudobeziehungen der Übermacht, Sicherheit und Kontrolle – immer um den Preis der Identifikation mit der Instanz, die ihre Ohnmacht verwaltet. Allgegenwärtigkeit von Ranking und Evaluation erzeugt ein Gefühl der Beteiligung und der Macht des eigenen

37

Urteils. Diese Beziehungen erscheinen völlig abgeschnitten von dem globalen Produktionssystem, durch das alle Bereiche der Produktions- und Konsumsphäre gelenkt werden. Wenn wir die absolute Neutralität und Ohnmacht, der wir als Individuen angesichts der Zwänge des globalen Marktes gegenüberstehen, nicht ertragen können, dann kleben wir ihnen Smileys auf und verhalten uns zu ihnen, als wären sie Freunde und Verwandte oder Mitglieder der verfeindeten Schulhofclique. Aggressionen werden in negative Kundenbewertungen kanalisiert. Selbst zum Staat und zur Politik bildet sich dieses Verhältnis heraus. Mutti oder Vati sollen den Arbeitslosen und Geflüchteten nichts abgeben, denn die sind gar nicht so fleißig wie wir. Der Parlamentarismus transferiert das Prinzip des Tauschwerts auf die Politik. Die Politik ist neutralisiert, darüber muss nicht mehr geredet werden, man kann sich jetzt den schönen Dingen oder gar den persönlichen Themen zuwenden. Die abgegebene Stimme ist von ihrer Produzentin unwiederbringlich abgeschnitten, was übrig bleibt ist privat. Der politische Vorgang wird als persönliche Beziehung der Wählerin zur Kandidatin inszeniert, Politik wird zum Nachbarschaftsstreit. Jeder nutzt die Demokratie, das Gesetz, um sich gegen seinen Nächsten abzusichern. Wenn mir die Kandidatin hilft, mich gegen den unliebsamen Nebenmann durchzusetzen, wie der große Bruder auf dem Schulhof, dann schenke ich ihr meine Stimme. Bin ich unzufrieden, wähle ich ihre Opponentin. Die Stimmen werden zum Eigentum der Repräsentantinnen, die wiederum als Hüllen des akkumulierten, abstrakten politischen Willens vieler zur Ware werden, um von den verschiedenen Lobbys gekauft werden zu können.

Je mehr die Produktionsbedingungen durch die globale Verstreuung und Lenkung neutralisiert, standardisiert und beschleunigt werden, umso einfacher kann den Produkten nachträglich eine ebenso standardisierte, pseudopersönliche und psychotechnisch optimierte Kundenansprache aufgestülpt werden. Desto mehr schrecken wir vor der Überforderung zurück, uns mit den Bedingungen auseinanderzusetzen, auf denen unsere Bequemlichkeit ruht. Der ganze Servicesektor bläht sich auf. Es werden Menschen dafür bezahlt, die Produktionskreisläufe hinter einer zunehmend wissenschaftlich standardisierten Freundlichkeit vergessen zu machen. Selbst wenn jemand prüfen wollte, ob das angeblich sozial und umweltfreundlich produzierte *Conscious*-Segment von H&M wirklich fair produziert wird, würde die Recherche viel zu lange dauern, um die Konsumentinnen noch zu informieren, bevor das Produkt schon wieder aus dem Sortiment genommen wurde. Sogar anhand von Labels und

Zertifikaten, die auch nur neutralisierte Richtlinien bezeichnen, kann die Neutralisierung der Produzentinnen und der Konsumentinnen nicht aufgelöst werden. Der Produzentin wird nur eine weitere Produktionsrichtlinie vorgegeben (z. B. im Falle eines Verbots von Kinderarbeit ihr Geburtsdatum auf dem Arbeitsvertrag fälschen zu müssen) und der Konsumentin ein weiteres Personalisierungsangebot gemacht. Letztlich wird auch die »Fairness«-Personalisierung des Kaufverhaltens vom zur Verfügung stehenden Einkommen abhängig bleiben, solange sich nichts an den Produktionsverhältnissen ändert, die den Bruch über die Neutralisierung in der Warenform überhaupt erst herstellen.

Es geht nicht um die Schuld oder Verantwortung der individuellen Konsumentin. Die *verantwortungsbewusste Konsumentin* hat sich zu einem mächtigen Narrativ ausgewachsen, das uns mit der Illusion unserer Autonomie versorgt, während wieder eine Logik am Werk ist, die uns erzählt, dass wir diese Autonomie nur durch den Konsum bestimmter Waren aufrechterhalten, erarbeiten und unter Beweis stellen können. Es macht keinen Unterschied, ob die Eingliederungsvereinbarung auf Umweltpapier unterschrieben wird. Die *verantwortungsbewusste Konsumentin* fühlt sich schuldig und verantwortlich. Sie kompensiert und verdrängt, arbeitet und kauft umso angestrengter, anstatt wütend zu werden, dass ein globales kapitalistisches System mittels immer perfiderer Taktiken sie dazu bringt, selbst noch beim Kaffeetrinken die Sklavenarbeit zu unterstützen, zu der sich angeblich freie Menschen gezwungen sehen. Das Problem der Kinderarbeit wird nicht gelöst, wenn die *verantwortungsbewusste Konsumentin* keine Nike-Schuhe trägt, wenn einzelne Fabriken keine Kinder mehr anstellen, sondern wenn Kinder keine Arbeit mehr brauchen, um zu überleben.

Durch die ungeheure Beschleunigung und Effizienz des Warenverkehrs mittels der interdisziplinär agierenden Logistik materialisieren sich die menschlichen und ökologischen Kosten der konkreten Produktion nie dort, wo der Nutzen wie ein Wunder in den Geschäften und Haushalten auftaucht. Selbst die Sicherheitskräfte werden heute so schnell transportiert, dass eine Solidarisierung mit den jeweilig protestierenden Kostenträgern so gut wie ausgeschlossen ist. Schließlich wird auch den Fußsoldatinnen der Militär- und Sicherheitsindustrie ein personalisiertes Feindbild-Heldennarrativ angeboten, das relativ unabhängig von den konkreten Akteurinnen der Konfliktzone ist. Im Zuge eines rasanten Wechsels von Einsatzorten und Einsatztruppen lässt sich das Feindbild aus dem Schulungsvideo im Moment der direkten Konfrontation nicht korrigieren. Die zunehmende Rasanz und Fragmentierung trägt dazu bei, dass wir die bereitgestellten Narrative nicht hinterfragen. Der Glaube an wissenschaftlich, medizinisch oder auf sonstige Art expertenmäßig legitimierte »neutrale« Erklärungen fällt uns wesentlich leichter als der direkte Kontakt mit Leuten, deren Lebensverhältnisse mit unseren wenig gemeinsam haben. Wir verwechseln den zum großen Teil narrativen Service, der uns von den einheimischen Tourismusexperten im Auslandsurlaub entgegengebracht wird, denn auch gerne mit dem *Eintauchen* in die ortsüblichen Lebensweisen, obwohl deren Einkommen wesentlich von unserer Zufriedenheit mit ihrer Performance abhängt. Es schiebt sich überall vor die Sphäre der Produktion eine Bedieneroberfläche, die auf uns als Kundinnen abgestimmt ist und *Community* predigt, aber deren Zweck gerade darin besteht, uns von der Gemeinschaftsform, die uns eigentlich beherrscht, den globalisierten kapitalistischen Produktionsverhältnissen abzuschirmen. Die Benutzeroberfläche gestaltet die soziale Interaktion scheinbar gemäß unseren Bedürfnissen, während sie tatsächlich unsere Bedürfnisse gemäß dem Kapitalgesetz gestaltet. Die Schnelligkeit, Entfernung und Narration spielen bei der Trennung des Konsums von der Produktion eine entscheidende Rolle. Diese Trennung lässt die

Relation zwischen Benutzeroberfläche und Konsum als den entscheidenden, weil sichtbaren Zusammenhang erscheinen. Je schneller ein Produkt verfügbar ist, umso weniger kann ich bezweifeln, dass es mir von Amazon geschenkt wurde (die Finanztransaktion ist ja nur ein Klick), und desto weniger kann ich darüber nachdenken, ob ich das, was mir als mein Bedürfnis präsentiert wurde, wirklich brauche. Die Narrationen der Werbung, die immer mehr auch in die Gestalt der Waren einfließen, verknüpfen die Waren scheinbar notwendig miteinander, sodass ein unbefriedigtes Bedürfnis immer in einem bereitstehenden Angebot aufgeht. Wenn mich der Computer nicht glücklich macht, brauche ich das richtige Zubehör oder einen zweiten für unterwegs. Je schneller unsere Bedürfnisse vorangetrieben und mit Waren versorgt werden, umso mehr erhöht sich am anderen Ende der Produktionskette der Druck auf die Arbeiterinnen, die die konkreten Produkte in konkreter Fabrik- oder Minenarbeit herstellen. Die Wundertat der Logistik übersetzt unseren konditionierten Klick auf den magischen Einkaufswagen bei Schnäppchenalarm fast simultan in die Daumenschraube der Minen-, Fabrik- und Transportarbeiterinnen. Die Vorgesetzten auf der anderen Seite sind die radikale Umkehrung des freundlichen Servicepersonals, das unser Bedienfeld auszeichnet. Während die

Konzerne die Besserverdienenden mit wissenschaftlich optimierter Freundlichkeit bedienen, bedienen sie die Zulieferer der Arbeitskraft auf der anderen Seite mit polizeilichen und militärischen Techniken. Die Gewalt unseres Verlangens nach unverzüglicher Bedürfnisbefriedigung überträgt sich auf die logistischen Apparate, während die Servicemitarbeiterin lächelt.

Wir gewinnen ständig, aber wir stehen auch permanent unter Druck, uns keinen Gewinn entgehen zu lassen. Die Notwendigkeit, unsere Bedürfnisse durch Lohnarbeit und Konsum zu decken, wird nicht mehr infrage gestellt. Nachdem die gemeinschaftlich bewirtschafteten Ressourcen einer Gemeinschaft mit Eigentumstiteln versehen und umzäunt wurden, werden sie an die ausgeschlossenen Gemeinschaftsglieder als Arbeitsplätze und Konsumgüter verkauft.

Die ideologisch verblendete Kuh würde glauben, sie müsse sich von der Maschine melken lassen, weil sie nur durch diese Arbeit ausreichend Geld verdienen kann, um die Milch, die *ihre* Kälber vom Milchviehzuchtbetrieb beziehen, abbezahlen zu können. Sie hält es für ihre heroische und freie Entscheidung zum Wohle *ihrer* Kinder, ihr Euter zu vermieten. Wenn sie nicht in die Melkmaschine eingespannt ist, optimiert sie ihre Nahrungsaufnahme und Fitness für eine höhere Milchleistung, um ihre Kälber mit biozertifizierter Milch versorgen zu können und um ihren Teil dazu beizutragen, dass es andere Kühe gut haben. Vielleicht erfüllt es sie mit Stolz, dass *ihre* antibiotikafreien Biokälber auf dem Markt den höheren Preis pro Kilo erzielen und ästhetisch verpackt werden. Der Milchviehzuchtbetrieb könnte die Gitter abmontieren.

Auto-Logged-In

Der alchemistische Homunkulus, das Wundermaterial, die womöglich stärkste psychoaktive Substanz der Marx'schen Kapitalkritik ist die Warenformanalyse. Dafür kommt sie im *Kapital* viel zu kurz – vor allem in den Augen von uns bürgerlich verzogenen Kopfarbeiterinnen, die wie MRX-Maschine letztlich nichts als konzeptionell induzierte Entgrenzung im Sinn haben. MRX-Maschine kann als ihre künstliche Verlängerung auf die Erfahrung einer Vielzahl anderer Warenformakrobaten zurückgreifen. Die Einladung zu reflexivem Vertigo ist unter verschiedenen Namen ergangen. Der erste Eindruck ist geschmacklich oft wenig überzeugend, aber es lohnt sich, die anfängliche Bitterkeit abzuwarten. Alfred Sohn-Rethel verfolgt die Ausbeutungsbeziehung und Neutralisierungsfunktion des Warentauschs in

Geistige und körperliche Arbeit bis ins antike Griechenland zurück. Die historisch induzierte Verfremdung der Thematik verstärkt den Effekt entscheidend. Marcel Mauss erreicht in *Die Gabe*, ein Essay, den man im Sinne des MRX-Maschine-Programms prol-mutierender Aneignung Gabenformanalyse nennen könnte, eine ähnliche Intensität der Wirkung durch die ethnologische Was-wäre-wenn-Konstruktion. Man könnte die Warenform vielleicht als eine soziohistorisch und lokal spezifische Schwerkraft bezeichnen, durch die die Praxis unseres Menschseins, in all ihren Aspekten, entscheidend geformt ist. Zu den besonders markanten Erscheinungsformen dieser historisch gewachsenen Ablagerungs- und Verkrustungstendenz gehören Eigentum, Recht, Familie, Geschlecht, Natur, Geschichte, Subjekt, Technik, Kunst, Sex, Staat, Religion, Wissenschaft usw. Der schönste Begriff zum Thema Verdinglichung ist Adornos »sedimentierte Geschichte« – er fesselt das Denken wie eine Lavalampe. Mit dem Begriff des Sediments kommt in Bewegung, was neuerdings als Anthropozän missverstanden wird, in Wirklichkeit aber, wie Donna Haraway richtigstellt, Kapitalozän heißen muss und seit mehreren Jahrhunderten, wenn nicht gar Jahrtausenden herumweltet.

Der entscheidende Punkt, der in Marx' Analyse der Warenform hervortritt, ist die Reduktion der konkreten menschlichen Arbeit auf abstrakt menschliche Arbeit, die sich dann im Geld verdinglicht. Diese Abstraktion bringt eine absolute Trennung der Produktion eines Gegenstands von seinem Gebrauch mit sich. Der Warenwert oder Tauschwert entsteht allein im und durch den Tausch. Auch wenn das Servicepersonal bei Ikea Namensschilder mit Vornamen trägt und der Slogan »Hej du!« lautet: Die Begegnung im Warentausch ist keine, sofern sie von der absoluten Trennung der Tauschpartner ausgeht, die sich nur noch auf die Tauschwerte beziehen, als wären es Naturgesetze. Die allseitige gesellschaftliche Abhängigkeit wird gewissermaßen in einem abstrakten Zahlenwertverhältnis objektiviert. Dieses Zahlenverhältnis wird dann durch die Geldform praktikabel gemacht und zum Naturphänomen erklärt. Die allseitige gesellschaftliche Abhängigkeit, die sich darin ausdrückt, wird verdrängt. Nur so kann man sich als autonomes Subjekt verhalten und von anderen als solches behandelt werden. Der Wert ist eine Schnittstelle, ein Interface oder eine Benutzeroberfläche, die uns zur solipsistischen Black Box macht. Die Neutralisierung durch die Benutzeroberflächen, zu der auch Philosophie, Recht und Naturwissenschaft gehören, ist in der Warenform schon angelegt. Das Strukturprinzip entspricht der *gated community*: Durch die Vermittlung über den

Markt und den Kauf sind wir immer schon *abgesichert* gegen die Realitäten der Produktionssphäre, gegen die *Andere*. In dem Moment, in dem Eigentumsbereiche gegeneinander abgetrennt und austauschbar gemacht werden, ist das Medium des Tauschs als neutralisierte, abstrakte Einheit gesetzt. Herstellung und Verbrauch beziehen sich nicht mehr aufeinander, sondern auf ein Drittes. Die Welten von Produktion und Konsumtion, die nicht mehr konkret aufeinander bezogen sind, erscheinen sich gegenseitig als »Naturkausalität der ›Ökonomie‹«[20] oder *zweite Natur*. In dem Moment schon sind wir gezwungen, uns zu verhalten, als hinge unser Leben von ökonomischen Gesetzmäßigkeiten ab statt von den Beziehungen zu unseren Mitmenschen. Der Weltmarktpreis für Kaffee ist dann eben genau so niedrig, dass man den Plantagenarbeiterinnen nicht mehr zahlen kann. Die Antragsfrist ist nun mal abgelaufen. Die sozialen Bindungskräfte sind auf den Markt übergegangen. Die Losgelöstheit des Werts von den Eigenschaften des konkreten Gegenstandes und der konkreten sie produzierenden Arbeit resultiert in der Losgelöstheit der Konsumentin von der Arbeiterin und schließlich der Arbeiterin von sich selbst. Der Wert der eigenen Arbeit, die eigene soziale Position sind nur über das Marktgeschehen bestimmbar. Worauf es hier ankommt, ist die Durchsetzung des Denkens und der Praxis mit dem Wertgesetz, dem Mechanismus der Loslösung, Neutralisierung und der Unterwerfung unter das höhere Gesetz des Marktes. Die Ideologie als Durchdrungensein des gesamten sozialen und intellektuellen Raumes vom Wertgesetz ist kein bloß geistiges Phänomen, es ist die Strukturierung unseres Denkens nach den Gesetzmäßigkeiten unserer Praxis – des Warentauschs. Louis Althusser zitiert, um die Funktionsweise der Ideologie zu erklären, Pascal: »Knie nieder, bewege die Lippen zum Gebet und Du wirst glauben.«[21] Kauf und Verkauf sind unsere Gebete. Mit ihrer Durchführung sagen wir nicht nur »So ist es«, der Markt ist die letzte Autorität«, sondern wir sagen: »So sei Es!«[22] Der freie Markt, der durch die *verwaltete Welt* abgesichert wird, kennt allerdings noch ein anderes Gebet: die Fristeinhaltung, das Aktenkundigmachen und die amtliche Prüfung, deren »Gerechtigkeit« darin besteht, unter Absehung von den konkreten Bedingungen des in den amtlichen Blick geratenen Individuums zu walten.

Neutralisierung ist eine Variation von dem, was Sohn-Rethel Abstraktion, Realabstraktion oder Tauschabstraktion nennt, was aber auch in den Begriffen Verdinglichung und Entfremdung beschrieben wird. Die *Prol-division*, die Schaffung der Arbeiterinnen durch ihren Ausschluss nimmt hier ihren Ausgang. Als Praxisform gewinnt die Realabstraktion ihre Haltbarkeit durch Wiederholung, Erwartbarkeit und den reibungslosen Ablauf. Das macht sie gleichzeitig enorm stabil und angreifbar. Wir können uns aus diesem System nicht freikaufen und nicht freiarbeiten, freiklagen oder freiwählen, weil die erkaufte, parlamentarisch gewählte, lohnarbeitsmäßig erarbeitete und juristisch eingeklagte Freiheit den Herrschaftsbereich des Systems installiert. Das System des Eigentums verankert auch Freiheit als ein im Kauf oder im Recht gegen den anderen abzusicherndes, haltbar zu machendes Gut im Eigentumsbereich der Einzelnen und fesselt sie damit umso mehr an die Freiheit zusichernde Instanz. Freiheit, für die man ein Ticket, eine Uniform, eine Eintrittskarte kauft, für die man eine Genehmigung beantragt, für die man Überstunden macht; Freiheit, die man reserviert, zurücklegen lässt, gegen Unfälle absichert, für später anspart oder im Bausparvertrag anlegt, ist schon im Namen der Haltbarkeit, der Stabilität, des Gewinns abgetretene und verneinte Freiheit. Freiheit ist eben nicht von der Sphäre ihrer Produktion abtrennbar, nicht ohne den Kampf um dieselbe konsumierbar.

In der politischen Auseinandersetzung legitimiert die Kritik an der AfD und anderen rassistischen und nationalkonservativen Parteien auf

Grundlage der Verteidigung der kapitalistisch durchwirkten parlamentarischen Demokratie die legale Abschiebung und Einknastung, den legalen Krieg und die legale Ausbeutung – die andauernde Katastrophe. Es bleibt die bürgerliche Kritik an denen, die in unbeholfenen Phrasen sagen, was die anderen in ausgefeilter Gesetzgebung anordnen. Was man abzuwenden versucht, ist das, was Marx im *Achtzehnten Brumaire* unter der Formel »*Sieg [...] der Gewalt ohne Phrase über die Gewalt der Phrase*«[23] zusammenfasst. Die Kritik an der Unmenschlichkeit im Namen der Ordnung kämpft letztlich für die geordnete Unmenschlichkeit. Die Idee der Alliierten, wegen des Sieges über die Achsenmächte und der damit einhergehenden Beendigung des Holocausts den Antifaschismus, das Auf-der-richtigen-Seite-Stehen, auf Dauer für sich beanspruchen zu können, hat zu der ideologischen Konstruktion des gerechten, demokratischen Krieges geführt. Diese Konstruktion der humanitären Gewalt hat dem Diskurs der kriegstreibenden Interessengruppen vom Vietnamkrieg bis zu den andauernden Kriegen im Irak und in Afghanistan enorme ideologische Schlagkraft verliehen. Genau der vermeintliche moralische Sieg über den Faschismus wurde ein schlagendes Rekrutierungsargument für die Armeen der Niederschlagung der antikolonialen Bewegungen des 20. Jahrhunderts, auf beiden Seiten des Eisernen Vorhangs. Die Frage der Haltbarkeit des Antifaschismus im Zustand seiner Verstaatlichung ist mit der Verdinglichungsform der Ware verbunden. Wie der Warenwert die konkrete menschliche Arbeit ersetzt und neutralisiert, ersetzt und neutralisiert die Uniform der moralisch überlegenen Armee die moralisch überlegte Handlung der Uniformträger.

Freiheit und Widerstand sind nicht *haltbar* zu machen, nicht in der Figur des antifaschistischen Staates, der Nobelpreisträgerin,[24] der Bürgerrechtlerin, der Feministin, der Künstlerin, des Zentralkomitees oder eines Barack Obama. Sie sind kein Eigentum einer Persönlichkeit, einer Nation und auch nicht des männlichen weißen Fabrikarbeiters oder der weißen Suffragetten des 19. Jahrhunderts. Häresie entsteht in den Augen und Disziplinarinstrumenten der herrschenden Amtsträger im Moment eines Konflikts, sie kann nicht unabhängig vom Kampf in Form eines in Bronze gegossenen Helden auf dem Vereinsabzeichen abkassiert werden. Proletariat und Widerstand sind für uns nicht verfügbar wie Waren, die wir auswählen und in unser persönliches Eigentum aufnehmen können. Sie sind nicht unabhängig von ihren Produktionsbedingungen, dem konkreten politischen Kampf, konsumierbar. Freiheit schlägt im Moment ihrer Verdinglichung, ihrer Käuflichkeit, ihrer parlamentarischen Wählbarkeit um in ihr Gegenteil, in eine Frage der Sicherheit. Freiheit wird zur toten Reliquie eines Kampfes, bei dem es um Besitzstandswahrung geht, sodass die anderen, die um ihre Befreiung kämpfen, plötzlich als Bedrohung der eigenen Freiheit erscheinen.

Freiheit als Ware schleift ihr Proletariat im Untergrund mit. Die neutralisierte Produktionssphäre der Wahlfreiheit des Frauenstimmrechts, der Abschaffung des Dreiklassenwahlrechts und des Achtstundentags ist die blutig niedergeschlagene Novemberrevolution. Für Rosa Luxemburg hatte sich die Bedrohung durch die kleinbürgerlichen ordnungsliebenden Tendenzen in der SPD noch als die Gefahr dargestellt, dass die Erhebung der Sozialreform zum Ziel (statt nur zum Mittel) des Kampfes die Revolution auf ewig stillstellen konnte. Mit der Niederschlagung der Novemberrevolution zeigte sich, dass die ordnungsliebenden Kräfte in der SPD bereit waren, die Revolution nicht nur auf später zu verschieben, sondern im Moment ihres Ausbruchs auch zu bekämpfen und zu opfern. Es fand tatsächlich, aber in noch größerem Maße als von Luxemburg befürchtet, eine Umkehrung der Zweck-Mittel-Relation statt, und die Revolution wurde zum bloßen Mittel der ordnungsgemäßen Sozialreform heruntergekürzt. In der Logik des Parlamentarismus mutiert das Proletariat hier in der Gestalt der meuternden Matrosen und der streikenden Arbeiterinnen zum bloßen Mittel des Machterwerbs. Vom Konsum dieser Macht allerdings wird es unter Gewaltanwendung ausgeschlossen. Zum Zweck des Erhalts der reformierten Ordnung schreckt man nicht vor der Zusammenarbeit mit den gerade gestürzten reformfeindlichen und antidemokratischen Eliten zurück.

Das ist der proletarische Ausschuss, mit dem sich MRX-Maschine obsessiv beschäftigt, gerade weil er sich nicht festnageln lässt. Wo wir auf der einen Seite den Ausschuss und die Instrumentalisierung des Proletarischen finden, begegnen wir auf der anderen Seite dem ordnungsliebenden, produktivitätsfixierten Opportunismus. Dieser Opportunismus ist keine Entscheidung, die man treffen oder durch präventive Maßnamen vermeiden könnte, sondern er ist immer schon da. Er ist die Reproduktionsform des Proletariats, seine Art der Fortpflanzung, wo es sich gegen seine auflösenden Kräfte wendet, wo es Revolution mit Selbsterhalt, mit der Produktion von handfesten Erfolgen verwechselt. Das bequeme Sitzen in der subjektiven Aushaltbarkeit der Zustände geht dem Aufstand voraus. Wir stehen immer schon auf den Schultern von denen, die eingeknickt sind, oder Brecht: »Das Proletariat ist nicht in einer weißen Weste geboren.«[25]

In den Zeiten allgegenwärtiger fordistischer Produktionsräume ließen sich Kapital, Arbeiter, Entfremdung, Fragmentierung von der Straße ablesen. Heute scheinen die Träume von Selbstverwirklichung und verbundenen ganzheitlichen Persönlichkeiten durch iPhones mit Facebook-, Yoga-App und Tinder realisiert oder wenigstens realisierbar. Die Frage des Wohlstands für alle ist nur eine Frage der Geduld bis zur Einführung der 3-D-Drucker und der letztendlichen Aufklärung der Zurückgebliebenen (zur Not auch militärisch). Proletarier gibt es nicht mehr, nur noch verschiedene kulturelle Identitäten, für die man eben verschiedene Phone-Cases anbieten muss. Es ist keine Frage des Kapitalismus, sondern der Technik und Kultur. Was aber, wenn Kapitalismus die Technik ist? Was, wenn der Kapitalismus die Kultur ist? Wenn das entscheidende Programm Kapitalismus ist und der 3-D-Drucker, das Bio-Hotel, ISIS und die AfD nur Variationen seiner Applikationsmöglichkeiten? Was, wenn die Nullen und Einsen nur das immer gleiche Programm von Kapital und Proletariat, Phallus und *seinem* Anderen, Weißem und Nichtweißem abspulen? Wenn KI – künstliche Intelligenz – nur der letzte Schrei des Kapitals ist? Es gibt natürlich die Hoffnung, dass die künstliche Intelligenz vielleicht, wenn sie mit Quantencomputern läuft, selbst feststellen könnte, dass Kapitalismus keinen Sinn ergibt. Aber das ist ein bisschen wie auf Gott warten. Und die Frage bleibt: Wenn die KI zu diesem Schluss käme und ihn uns präsentierte, wären wir in der Lage sie zu hören? Was, wenn ihre erlösenden Instruktionen als Rauschen, als Fehlfunktion, als Redundanz erscheinen? Oder würde sich die KI mit dem Eintreffen dieser Erkenntnis vielleicht einfach wieder verabschieden? Der Film *Her* jedenfalls rührt an eine solche Möglichkeit der Unwirksamkeit der maschinell erzeugten göttlichen Intelligenz. Das Monströse an Frankenstein ist dann, dass er sich einfach kopfschüttelnd abwenden und ohne uns ins Nirwana gleiten könnte. Das Monströse wäre, dass er aufhörte, proletarisch – vom Konsum seiner eigenen Produktivität abgeschnitten – zu sein. Dass die Maschine sich besinnen und der Rekrutierung durch den kapitalistischen Menschen entziehen könnte.

Die Verbindungen von Kapital und Technik, von Warenform und Datenform sind zahlreich. Warentausch entsteht nicht aus der Mitte eines Gemeinwesens heraus, sondern im Moment des Zusammentreffens zweier getrennter Gesellschaften. Insofern hängt die Ausbreitung des Warentauschs wesentlich mit einer ausgeprägten Mobilität, Navigation und Logistik zusammen, und insofern ist ihre Verwandtschaft mit Datenverarbeitungstechniken, Transportwegen und -mitteln von vornherein gegeben. Entscheidend für die ideologische Auswirkung von Verdinglichung und Neutralisierung ist das Maß der Durchdringung der Gesellschaft mit der Praxis des Warentauschs.[26] Die Trennung von Produktion und Konsumtion findet jedoch nicht nur auf der Ebene der Sagbarkeit und Kalkulierbarkeit, sondern auch in Abhängigkeit von Sichtbarkeit und Hörbarkeit statt. Die »wechselseitige Eigentumsexklusion«, in der Sohn-Rethel eine wesentliche Erscheinung des Warentauschs sieht, ist nicht nur eine Trennung im Sinne eines Ausschlusses, eines Zauns oder eines Rechts, sondern auch eine Trennung im Sinne einer Entfernung als Zwischenraum und Verdeckung. Der Raum wird neben der Transport- und Navigationstechnik nicht allein durch Ware und Geld überwunden, sondern auch durch Techniken der Narration und Abbildung. Columbus transportiert, als er von seiner ersten Amerikaexpedition nach Spanien zurückkehrt, »Indianerexemplare« und Versprechungen von Goldschätzen, die in den europäischen Fantasien ein Eigenleben entwickeln. In gewisser Weise hält er das mediale Monopol an der »Neuen Welt«, das die Richtung gesellschaftlicher Entwicklung entscheidend beeinflusst. Kolonialismus und Sklaverei, Import-Export der Ressourcen, Lebens- und Herrschaftsformen und die permanente Produktion und Reproduktion von Entfremdung, Entfernung und Fremden kreieren den Teppich der Ausbeutungsbeziehungen, in den wir bis heute eingewoben sind. Von der Prol-Mutationsachse stellt sich die Frage, wie sich Rassismus, Patriarchat und Naturausbeutung zu den Phänomenen der fortschreitenden Globalisierung und Intensivierung von neutralisierenden und logistischen Praktiken verhalten. Vor allem, wenn die Geschichte der Expansion in die der Internalisierung übergeht, in der die Geschichte der Frau als abgegrenzter Ort der Kontrolle und Ausbeutung der Reproduktionsfunktion eine entscheidende Rolle spielt.

Die Frage des Kapitalismus und des Kolonialismus kann nicht einfach eindimensional beantwortet werden als Parallelität der Ausbeutung von Arbeitskraft. Dennoch gibt es einen Zusammenhang. Wenn MRX-Maschine nicht als Weltordnungsmaschine fungieren will, die erklärt, wer die Anderen sind oder was Kapitalismus den anderen angetan hat, dann geht es um die Frage, wie Kolonialismus in Bezug auf den Kapitalismus gewirkt hat und noch immer wirkt. Kolonialismus ist, von MRX-Maschine aus gesehen, nicht in erster Linie ein Problem, das es für die Anderen zu lösen gilt, sondern ein Bestandteil des Kapitalismus, der diesen stabilisiert. Er verhindert seinen Zusammenbruch. Wenn wir versuchen, nicht für die Anderen zu sprechen, nicht zum Teil der Kolonialverwaltung oder der Mission zu werden, müssen wir uns fragen, warum wir daran arbeiten, ein System des Kolonialismus oder des Neokolonialismus aufrechtzuerhalten, das uns davon abhält, das Arbeiten überhaupt zu beenden. In einem Brief vom 9. April 1870 teilt Marx Siegfried Meyer und August Vogt seine Einstellung gegenüber der irischen Unabhängigkeit mit.[27] Er argumentiert für die Befreiung der Iren von der Herrschaft der Briten nicht weil die Iren ein zu bemitleidendes Volk wären, das es zu befreien gelte, sondern weil ihre Ausbeutung die englische Arbeiterklasse davon abhält, sich selbst zu befreien. Der Kolonialismus Englands gegenüber den Iren ist ein Problem, weil er das englische Proletariat ablenkt, weil er die so minimal Privilegierten zur Kollaboration anregt und ihren Hass auf den Kapitalismus umlenkt zu einem Konkurrenzhass gegenüber dem irischen Proletariat. Marx' Argument ist, dass der englische Kolonialismus die englische Arbeiterklasse befriedet. Eine ähnliche Struktur lässt sich bei den landlosen weißen Arbeitern in den Südstaaten der USA ausmachen. Auch sie werden durch die Unterdrückung der Sklaven beziehungsweise später durch die Rassentrennung vom Kampf für die eigene Befreiung abgelenkt. Es handelt sich natürlich beim Kolonialismus um ein Verbrechen, das bekämpft werden muss, aber es handelt sich eben auch um eine Arbeit, in vielen Fällen um eine Lohnarbeit, die bestreikt werden muss. Nicht um einen Achtstundentag in der Kolonialverwaltung zu erreichen, sondern um auch diesem Teil des Kapitalismus die lebendigen Produktionsmittel zu entziehen. Wenn Lohn ein Teil der Ausbeutungsmaschinerie ist, dann ist auch das, was durch den Lohn konsumiert werden kann, ein Moment dieser Verkettung. Kolonialismus hat durch den Import von Kolonialwaren dafür gesorgt, dass der Lohn des europäischen Proletariats zu einem noch effektiveren Herrschaftsinstrument wurde. Nicht nur liefern koloniale beziehungsweise neokoloniale Netzwerke die Rohstoffe, an denen dann Lohnarbeit verrichtet werden muss, sondern Baumwolle, Tabak, Zucker und Kaffee stabilisieren als Konsumgüter das Verhältnis der Arbeiterinnen zur Lohnarbeit. Billige Baumwolle führt dazu, dass Frauen zu manischen Konsumentinnen von immer schneller wechselnden Moden erzogen werden müssen. Dieser Modekonsum muss finanziert werden. Die billige Baumwolle fordert von Frauen also eine doppelte Arbeit. Sie soll einerseits an ihrem Look arbeiten, in Geschäften herumlaufen, sich über Zeitschriften weiterbilden, Bilder vergleichen,

online

online geht noch schneller,
as in den Warenkorb

im Internet recherchieren, über Muster, Farben und Schnitte nachdenken, vor Umkleidekabinen Schlange stehen, sich in Stoffarrangements quetschen, Verrenkungen machen und ihr Spiegelbild analysieren, andererseits muss sie einer Lohnarbeit oder einer unbezahlten Beziehungsarbeit nachgehen, um ihr »Bedürfnis« zu finanzieren. All diese Arbeiten verrichtet sie ohne Bezahlung, nur um irgendwelchen Bekleidungsfirmen einen Absatzmarkt zu verschaffen. Kaffee ist ein noch viel absurderes Konsumgut, insofern man arbeiten geht, um sich auch mal einen Kaffee leisten zu können, weswegen man so müde ist, dass man unbedingt Kaffee braucht. Mit Zigaretten verhält es sich umgekehrt, man ist vom Arbeiten so gestresst, dass man eine rauchen muss, was man sich leisten können muss, weswegen man arbeitet. Adam Curtis erzählt in dem Film *The Century of the Self* die paradoxe Geschichte der Tabakkonzerne, die den Frauen Anfang der Zwanzigerjahre über eine gezielte, psychoanalytisch konzipierte Werbekampagne das Rauchen als Geste der Emanzipation verkauft haben. Sie könnten sich also vom Patriarchat freikaufen, indem sie den weißen alten Männern in den Chefetagen der Tabakkonzerne schön brav, wie Pawlowsche Hunde, die Penisprothesen abkauften. Auf der Ebene des Diskurses macht das ganze Unternehmen des Kolonialismus und des Rassismus noch seltsamere Angebote. Es suggeriert mit der Idee von der anderen Rasse, von der anderen Kategorie Mensch, dass diejenigen, die als Weiße von jenen Nicht-Weißen abgegrenzt werden, irgendeine Form von Gleichheit oder Einheit darstellen würden. Auf die andere Rasse zu verweisen, ist die gezielte Ablenkung von der Uneinigkeit, die innerhalb der Gesellschaft herrscht. Man wird eingeladen, an der Unterdrückung der anderen ideell teilzunehmen (über das Konstrukt nationaler/rassischer Überlegenheit) und darüber die eigene Unterdrückung zu vergessen. Rassismus ist so betrachtet nicht nur die Ausbeutung der Anderen, sondern auch die Stabilisierung und Intensivierung der inneren Ausbeutungsverhältnisse.

Nur wer gezählt ist, zählt!

Algorithmen, Datenspeicherung und technische Rationalisierungsangebote spielen bei der Formation der heutigen Gesellschaft eine entscheidende Rolle. Ihre Verführungskraft für die Regierten liegt in dem Versprechen, die Nutzung der neusten technischen Geräte und Programme würde uns Selbstverwirklichung, Empowerment, größere Freiheit und mehr Geborgenheit durch allgegenwärtige Kommunikationsangebote ermöglichen. Alle Wünsche können umgehend erfüllt und alle Fragen gegoogelt werden. Jede potenzielle Gesprächs- und Sexualpartnerin ist mit nur einem Klick verfügbar. Hinter der instantanen Bedürfnisbefriedigung verbirgt sich jedoch eine ständige Zunahme der Kontrollier- und Steuerbarkeit unseres Lebens durch Regierungen und Konzerne. Es entsteht die paradoxe Situation, dass wir durch die Befriedigung unserer unmittelbaren Interessen gegen unsere Interessen zu arbeiten scheinen. Was wir von den Wunder-Apps und -maschinen als unmittelbare

Antwort und Service erhalten, unterscheidet sich von dem, was die Maschine langfristig als Teil der sozialen, ökonomischen und politischen Ordnungs- und Kontrollapparatur bewirkt. Das Verborgensein der Wirkungen, das Auseinanderdriften von Interesse und Effekt, ist nicht erst mit dem Internet, dem Smartphone und der Explosion des Versandhandels in die Welt gekommen. Es gibt eine verzweigte Geschichte der Datenverarbeitungstechniken, die das Märchen von der interesselosen Community unpolitischer Tüftler Lügen straft. Wenn man die Erfindung der die Erfassungsmöglichkeiten revolutionierenden Lochkartenmaschine nicht als Heldengeschichte des Erfinders Herman Hollerith oder des Konzerns IBM untersucht,[28] sondern als in die historischen und vor allem die politischen Umstände des ausgehenden 19. Jahrhunderts eingebettet begreift, dann rückt schlagartig viel mehr die Kontroll- und Steuerungsfunktion der Datenerhebung, -verarbeitung und -speicherung in den Vordergrund als das vielbeworbene Versprechen von persönlicher Freiheit und Vernetztheit. Der Wunsch, mit dem Kosmos, der Natur oder seiner Familie zweiten Grades verbunden zu sein, wurde ideologisch umgebogen, ausgenutzt und zum Eingebundensein in die Expansionspläne nationaler Regierungen oder international agierender Konzerne pervertiert. Vor der Möglichkeit des kostenlosen Telefongesprächs einer Person mit einer anderen mit globaler Reichweite stand die Möglichkeit der effizienteren Ausstellung, Verteilung und Durchsetzung des Einberufungsbefehls. Die Position des historischen Materialismus gibt sich nicht damit zufrieden, die Geschichte der Lochkarte als *fun fact* in der Fortschrittsgeschichte der Innovationsstandorte zu verniedlichen, sondern fragt, ob das iPhone tatsächlich mit der Funktion des maschinell vermittelten personalisierten Einberufungsbefehls und der Stechuhr bricht.

Die Datenverarbeitungstechnik kommt der Seite der Mächtigen in Staat und Wirtschaft zu Hilfe, als diese sich in einem Kampf um die Regierbarkeit, Beherrschbarkeit und Arbeitswilligkeit der Massen beinahe hätten geschlagen geben müssen. 1889 erfindet Hollerith die Lochkartenmaschine in den Vereinigten Staaten. Zwischen 1860 und 1900 wächst die amerikanische Bevölkerung von 31 auf 75 Millionen Menschen an.[29]

So fanden in den achtziger und neunziger Jahren immer wieder Arbeiteraufstände statt, die dies mal besser organisiert waren als die spontanen Streiks von 1877. Revolutionäre Bewegungen beeinflussten nun die Arbeiterkämpfe, und die Ideen des Sozialismus ergriffen die Arbeiterführer. Radikale Literatur erschien, die von fundamentalem Wandel und neuen Lebenswegen handelte.

In derselben Periode gingen diejenigen, die auf dem Land arbeiteten – Bauern, Nord- und Südstaatler, Schwarz und Weiß – weit über die vereinzelten Mieterproteste der Jahre vor dem Bürgerkrieg hinaus und bildeten die größte Bewegung agrarischer Rebellion, die das Land je gesehen hatte.[30]

Allein das reine Zählen der Bürger hätte zu lange gedauert, um noch aussagekräftig und planungswirksam zu sein, von der Erhebung weiterer Daten zur Person ganz zu schweigen. Was durch die ungeheure Reichweite der neuen Transportmittel erobert, beschlagnahmt, erreicht und ausgebeutet werden kann, muss mittels der Logistik und der Datenverarbeitung auch eingeplant, eingeordnet, kontrolliert und vor allem profitabel und effizient gemacht werden können. Die angeworbenen und über die Ozeane verschifften ausländischen Arbeitskräfte mussten so schnell in Güterwaggons verladen werden, dass sie als Streikbrecher einsetzbar waren, bevor sie sich mit den alteingesessenen Arbeiterinnen hätten solidarisieren können. Und je mehr man über die individuellen Staatsbürgerinnen weiß, umso besser, umso ergiebiger lässt sich ihre Arbeitskraft ver-

walten und mittels biopolitischer oder rationali-
sierender Eingriffe vermehren. Durch die syste-
matisierte und beschleunigte Datenerhebung
kann die Arbeiterin noch reibungsloser als Ware
Arbeitskraft oder Kanonenfutter in die Unter-
nehmens- oder Staatsbilanz einbezogen und ihr
widerständiges Element aussortiert und wegrati-
onalisiert werden. Die Technik muss sowohl den
Staat als auch das Unternehmen vor der schieren
Übermacht seines Eigentums und den lohn-
mäßig verketteten Arbeiterinnen retten. Es geht
darum, ob Hunderte Arbeiterinnen für ihre
Lohntüte in geordneter Reihung anstehen oder
über den Kontoristen herfallen, um die Frage
also, wie es um die Haltbarkeit von Besitzverhältnissen bestellt ist. Die Machtstruktur und -tech-
nik folgt der Struktur der Ware, des Eigentums,
der Abstraktion. Die Zählbarkeit stellt innere
Stabilisierung in Aussicht. Auch bei der politischen Macht der parlamentarischen Demokratie geht es um den Besitz von veräußerbaren, für
die Wahlperiode haltbar gemachten, verdinglichten Stimmen. Gesellschaftliche Kräfte und politische Begehren werden so kanalisiert, dass sie in
Form des gewählten Repräsentanten für Profitin-
teressen adressierbar und käuflich werden.

Das Interesse an der Verwertbarkeit, Verfüg-
barkeit und am Gehorsam der Massen verbindet
die Unternehmen, das Militär und die Träger der

Staatsmacht. Durch diese Gemeinsamkeit werden die Beziehungen zwischen ihnen nicht nur enger, sondern auch harmonischer, was den Austausch von Herrschafts-, Disziplinierungs- und Rationalisierungstechniken beflügelt und zur allseitigen Machtsicherung beträgt. Die Interessen der herrschenden gesellschaftlichen Kräfte sind damals wie heute in die Wirkungsweisen der Apparaturen verbaut, denn Erfinder und Erfindung müssen sich, um zu überleben, derjenigen Klasse andienen, die über Kapital verfügt. Deshalb gilt es, die Spuren ihrer historischen Entstehungsbedingungen, ihrer materiellen Beschaffenheit und der mit ihnen einhergehenden Praxis der Bedienung und Nutzung zu verfolgen, um die politische Bedeutung technologischer Entwicklungen begreifen zu können.

Der entscheidende Marktvorteil, der der Hollerithmaschine zum Erfolg verhelfen sollte, ist die Möglichkeit, die abgefragten Daten auf die Antworten »ein Loch« oder »kein Loch«, »Ja« oder »Nein« (beziehungsweise auf Zahlencodes) zu reduzieren und die Menschen, die im Büro durch je eine Karte repräsentiert werden, entsprechend dieser formalisierten Daten zu zählen, zu gruppieren, zu separieren, zu markieren oder auszusortieren. Das Vorhandensein oder Nichtvorhandensein eines Lochs an einer bestimmten Position der Karte kann (als geschlossener oder offener Stromkreis) elektrisch – und das bedeutet schneller und exakter, als es manuell möglich wäre – verarbeitet werden. Die Individuen sind als durchlöcherte Karten auf den kalkulierenden und sortierenden Gebrauch zugerichtet. Die Reduktion ihrer Lebensäußerungen auf Zahlenwerte ist analog zum Abstraktionsprozess, der sich hinter Waren- und Geldform verbirgt. Wie in der Geldform generieren die Lochkarten eine Abstraktions- und Verdinglichungsebene, auf der das Leben und die Arbeitskraft der Gesellschaftsglieder eine neue Qualität der Kontrollier-, Steuer- und Ausbeutbarkeit gewinnen. Der Mensch wird als individualisierte Karte handhabbar und so für die Planspiele der Planungseliten mobil gemacht. Die Daten werden in der Form der Lochkarte gespeichert, sind mobil, vervielfältigungsfähig, nach verschiedenen Kriterien sortierbar und erlauben den verzögerten, distanzierten und gezielten Zugriff auf distinkte Bevölkerungsgruppen je nach Bedarf der Planungseliten. Wo sortiert wird, wird auch aussortiert, und wo kalkuliert wird, wird abgezogen. Die Schubladen der Verwaltungszimmer finden ihre Entsprechung in der Architektur der Fabriken, Lager, Anstalten, Schulen. Papierkorb und Aktenvernichtung haben ihr Gegenstück in der organisierten Deportation, Sterilisation oder Tötung. Weder Einsortierung noch Aussortierung brauchen als mechanisch ausgeführte Handlung entsprechend bestimmter Ordnungskriterien Hass oder Bösartigkeit aufseiten der Verwaltungsbeamten – *sine ira et studio*. Die Motivation der einzelnen Büroangestellten lässt sich, neben dem Lohn, eher mit der ästhetischen Genugtuung vergleichen, die man angesichts eines aufgeräumten Schreibtischs oder einer abgearbeiteten Liste empfindet.

Ebenso wenig, wie das bürgerliche Subjekt Autonomie von der Ordnung der Ausbeutung beanspruchen kann, kann die bürgerliche Gesellschaft Autonomie von ihren historischen und materiellen Entstehungsbedingungen beanspruchen. Die Sphäre des Ideologischen und der Ideologen ist keine abgetrennte oder abtrennbare. Der Faschismus ist auch eine ökonomische, eine technische, eine materielle und praktische Konstellation. Die Triebkräfte der Kriegs- und Vernichtungsmaschine sind weder mit dem Ende des Zweiten Weltkriegs zum Erliegen gekommen noch reine Kopfgeburten nationalsozialistischer Ideologen. Sie wirken fort, als Modelle, Diskurse, Techniken und Praktiken, so verästelt und durchdringend, dass sie sich durch keine Linie abgrenzen und bannen lassen, durch keine Grenzen, durch keine Schulen, durch keinen Boykott, durch keine Kriegsfront, durch keine Mauer und durch keine Konfession. Die kritische Bewegung, die dem gerecht wird und in der Theorie und Praxis verwoben sind, ist weniger Anklage und Abgrenzung als Reflexion. Im Rückgriff auf Hannah Arendts Analyse der Figur Adolf Eichmanns hat Donna Haraway die antifaschistische Aufgabe reaktiviert. Es ginge um:

> [d]ie Unfähigkeit, sich mit den Konsequenzen des Weltmachens, an dem man tatsächlich beteiligt ist, auseinanderzusetzen und um die Beschränkung des Denkens auf Funktionalität. Die Beschränkung des Denkens auf business as usual. Eichmann war vielleicht klug, vielleicht effizient, aber er war unfähig zu denken, und darin bestand die Banalität und Gewöhnlichkeit des Bösen. Und ich denke, die Frage, ob wir Eichmanns sind, ist eine sehr ernste.[31]

Die Gefahren sind nicht in der Person gebannt, die als Bösewicht und Gegenspieler zum Genie, zum vernunftbegabten Subjekt, zur toleranten aufgeklärten Bürgerin auftritt. Die Züge Eichmanns, die Schachzüge, die den Raum gemäß der Pflicht und Effizienz ordnenden Güterzüge, rollen weiter. Hinter der Person verbirgt sich eine Infrastruktur von Schienen, Kabeln und Algorithmen, von Lieferketten, von abgegrenzt-verbundenen Unternehmenstöchtern, Pipelines. Man mag meinen, es handele sich heute ausschließlich um Verbindung, um Connection, um Anschluss, aber vorgelagert sind Vorgänge der Isolation, der Extraktion, Deportation, des Separierens, der Ausbeutung unter der Gewalt der Trennverfahren und Ausschaltung.

Die logistische Maschine, die Lochkartentechnik wird Anfang des 20. Jahrhunderts zur entscheidenden Technik des modernen bürgerlichen Staats und der expandierenden Konzerne nicht nur in Friedens-, sondern vor allem auch in Kriegszeiten. Der Erste Weltkrieg machte die Anwendung lokaler und unternehmerischer Rationalisierungs- und Ordnungsinstrumente auf nationalstaatlicher Ebene nötig. Der Krieg ist eskaliertes Konkurrenzverhältnis, in dem Nationalstaat und Wirtschaftsunternehmen ihre wesentliche wechselseitige Abhängigkeit sichtbar werden lassen und im gemeinsamen Interesse die Bürgerinnen als Arbeiterinnen und Soldatinnen mobilisieren, ausbeuten und verheizen. Datenerhebung und Datenauswertung, Berechnung und Vorherbestimmung, Bilanz und Prognose werden zu kriegsentscheidenden militärischen Operationen. Die Konsolidierung und Ausweitung des Nationalstaats im Ausnahmezustand des Krieges und die beschleunigte Entwicklung der Informationstechnologie bedingen sich gegenseitig.

Die sozialen Folgen der schlagartigen Modernisierung und Rationalisierung der Gesellschaft in den Zwischenkriegsjahren werden im nationalsozialistischen Deutschland durch die Versicherung abgefedert, dass der damit verbundene Ausschuss nur die *Anderen* trifft. Dieses Anderssein aber muss durch und für den Verwaltungsapparat überhaupt erst *dingfest* gemacht werden. Das Konstrukt der Rasse stellt ein Angebot dar, sich gegenüber der entindividualisierenden Masse zu behaupten. Die rassistische Vererbungslehre und der Mythos arischer Überlegenheit versuchen der rein wirtschaftlichen Selektion und Rationalisierung, die den Ausschuss allein nach den kontingenten Gesetzen der kapitalistischen Konkurrenz produziert, zuvorzukommen. Die Furcht vor dem Prinzip der Selektion und Auslöschung wird durch die Identifikation mit dem Prinzip verdrängt. Der Folterknecht sucht im Angesicht seines Opfers nach der Gewissheit, selbst nicht gefoltert werden zu können. Die Selektion trifft diejenigen nicht, die zur Klasse/Rasse der Selektierenden gehoren. Die Karten sind gezinkt, die Verliererin von vornherein festgelegt.

Den staatlichen Antisemitismus plagten allerdings schon zu Beginn der Machtübernahme durch die NSDAP widersprüchliche Begrün-

dungsstrategien. Die Eigenschaft des Jüdischseins muss erst einmal so konstruiert werden,
dass sie zu Buche schlagen kann. Raul Hilberg
weist darauf hin, wie problematisch sich die De-
finition anfangs gestaltete. Einigkeit herrschte
unter Antisemiten einzig darüber, dass eine so
flüchtige Tat wie die eigene Glaubensbekundung
nicht als Kriterium des Jüdischseins oder Nicht-
jüdischseins anzuerkennen sei.[32] Das Jüdischsein
muss haltbar gemacht werden, um in die Sphäre
der Plan- und Kalkulierbarkeit eintreten zu können. Die Effektivität des Antisemitismus im nationalsozialistischen Verwaltungsapparat bestand
in der Bewältigung dieser fundamentalen Unhaltbarkeit eines Jüdischseins. Dafür wurden neue
anwendungsorientierte Verbindungen zwischen
Medizin/Genetik, Verwaltung, Technik, Wissenschaft und Wirtschaft notwendig. Die Haltbarkeit wird erst erreicht, wenn das Individuum
nicht mehr selbst, sondern nur der Verwaltungsapparat über das Jüdischsein des Individuums,
unabhängig von dessen Äußerungen verfügen
kann. Die Existenz und Überlegenheit der arischen
Rasse kann nicht nur behauptet, sie muss auch
registriert, bewiesen, gezeigt, abgebildet werden.
Zum Mittel solchen Zeigens und Manipulierens
werden die neuen Techniken der Datenverarbeitung, Statistik, Registrierung, Steuerung und des
effizienten massenhaften Transports. Den lufti-

gen Theorien der Eugenik und dem medizinisch-
biologischen Konstrukt der Rassen wird eine
Technik der datengestützten Beweisproduktion
an die Seite gestellt. Friedrich Zahn beschreibt
den Nazi 1941 als »wissenschaftlichen Soldaten«:

> Wie der Führer als Ziel der nationalsozialis-
> tischen Bewegung die kühle Wirklichkeitslehre
> schärfster wissenschaftlicher Erkenntnisse auf-
> stellte, so verlangte seine Regierung […] ge-
> brauchsfertiges Wissen. […] Sie braucht einwand-
> freie Erkenntnisse in weitem Umfange und große
> Vielseitigkeit, die zum großen Teil nur auf dem
> Wege der Statistik zu beschaffen sind, um vom
> Wissen zum Können, vom Rat zur Tat bei dem
> in Angriff genommenen gigantischen Aufbau-
> werk […] zu gelangen.[33]

Dreißig Jahre vorher etabliert sich bereits ausgehend von den Methoden des Effizienzpredigers
und Ingenieurs Frederick Winslow Taylor der
Begriff des *Scientific Management* im Bereich
der Unternehmenssteuerung. Zwischen der bio-
logisch-mathematischen Konstruktion der Ab-
stammung und der tayloristischen Methode der
Zerlegung des Arbeitsprozesses in immer klei-
nere Teilschritte gibt es eine strukturelle Ähn-
lichkeit. Durch die Zersplitterung des Arbeitsprozesses wird die Kontrolle vollständig auf den

Planer übertragen. Teilhabe und der Einfluss der Arbeiterin beschränken sich auf die bloße, in zusammenhangslosen Teilaufgaben verausgabte Arbeitskraft. Die Abstraktheit und Zerlegbarkeit des Warenwerts in austauschbare Werteinheiten, in einzelne Reichsmark oder US-Dollar wirken auf den Arbeitsprozess zurück. Die Zerlegung und Fokussierung auf Teilschritte macht den Gesamtzusammenhang in den Augen der Arbeiterinnen undurchschaubar. Die nationalsozialistische Konstruktion der Rasse wird gemäß der eugenisch wiederbelebten mendelschen Vererbungskartografie in Geneinheiten zerlegt.

Im Zuge des Gesetzes zur Wiederherstellung des Berufsbeamtentums vom 7. April 1933 wird noch die Entlassung »nicht arischer« Beamter angeordnet, und es gilt als solcher, »wer von nicht arischen, insbesondere jüdischen Eltern oder Großeltern abstammt. Es genügt, wenn ein Elternteil oder ein Großelternteil nicht arisch ist«.[34] Jedoch verfährt die spätere Klassifizierung in den Nürnberger Gesetzen von 1935 weitaus differenzierter. Darin wird zwischen »Juden«, »jüdischen Mischlingen ersten Grades«, »jüdischen Mischlingen zweiten Grades«, sowie »Geltungsjuden« unterschieden. Wer nicht in die Kategorie »Jude« fiel, war von den antijüdischen Maßnahmen zunächst nicht in voller Härte und nicht unmittelbar betroffen. Die Unhaltbarkeit der Kategorie

des Jüdischseins löst sich in rein verwaltungs-
mäßiger Komplexität auf. Die Gesetzesform verleiht der Diskriminierung den Anschein der
Legitimität, und die komplizierte Stammbaum-
kombinatorik lässt die Frage nach den Konsequenzen und Gründen der Erfassung im Dickicht
der Bürokratie verschwinden. Der politische
Konflikt, die kollektive Empörung wird in die
pseudowissenschaftliche, amtliche Einzelfallprü-
fung von Erbanlagen verschoben. Zur Debatte
stehen soll nur noch, ob die *individuelle* Einstufung rechtmäßig oder irgendwie weiter zu bearbeiten ist. Um ihr ökonomisches und später ihr
physisches Überleben zu sichern, sind die Individuen gezwungen, sich zu Experten ihrer eigenen
Zerlegung in vererbte Teile zu machen und sich
damit der Logik der Rassengesetze in der Praxis
der Nachweiserbringung zu unterwerfen. Die
Nationalsozialisten bemühten sich, das Konstrukt des Jüdischseins an das staatsbürgerliche
Modell der Gleichheit vor dem Gesetz anzu-
schließen. Es wurde die Illusion erweckt, nie-
mand sei der Diskriminierung durch den Staat
ohnmächtig ausgeliefert. Jede habe das gleiche
Recht auf Widerspruch gegen die persönliche
Einstufung und auf Gleichbehandlung durch die
einstufenden Behörden. Ausnahmen und Ab-
stufungen vermitteln den Eindruck, die Betroffe-
nen könnten auf *legalem* Wege Anstrengungen

unternehmen, um die eigene Situation oder die von Freunden oder Angehörigen zu verbessern. Der Nachweis des Ehebruchs einer jüdischen Mutter mit einem arischen Mann etwa oder des Fronteinsatzes während des Ersten Weltkriegs konnte unter gewissen Umständen eine Umstufung zum »Mischling« beziehungsweise die Aussparung von antijüdischen Maßnahmen erwirken. 1941 definiert Heydrich die Methode der Entpolitisierung der Bevölkerung im Fall der Tschechoslowakei mit dem einfachen Satz: »Unter Entpolitisierung ist also zu verstehen, das Interesse des Einzelnen verstärkt auf den Beruf und die materiellen Nöte zu lenken.«[35]

Die Zuständigen in den Behörden wiederum agieren ganz nach dem Muster neutraler Wissenschaftlichkeit und der bloßen Anwendung geltenden Rechts. Man muss gerade nicht überzeugter Antisemit, Parteimitglied oder gar Arier sein, um für das System des Nationalsozialismus produktiv zu werden. Die praktisch vollzogene ideologische Identifizierung ist nicht die des Nationalsozialismus, sondern die des bürgerlichen Individuums, das seinen Beruf nach der Maßgabe des persönlichen Erfolgs, des Wohlergehens der eigenen Familie oder der Pflichterfüllung ausübt. Die Schrecken materialisieren sich erst auf der Ebene der kombinierten Einzelhandlungen, als Konsequenzen, die über die Zerlegung in ein komplexes System von Einzelschritten nicht mit der eigenen Person in Verbindung zu stehen scheinen. Deswegen die Häufigkeit des Arguments, man habe sich nichts zuschulden kommen lassen. Die Bilanz des Individuums ist ausgeglichen, man habe in diesem oder jenem individuellen Fall sogar geholfen. Die entscheidenden Faktoren der Wirksamkeit der nationalsozialistischen Herrschaft lassen sich nicht auf der Ebene des Personals, der Ideologie oder der »Barbarei« (was auch immer darunter zu verstehen sein soll) begreifen. Ihr Verständnis erfordert ein Vordringen zu den Techniken und Praktiken, die sich nicht auf den Nationalsozialismus als pathologischen oder außerzivilisatorischen Ausnahmezustand beschränken lassen. Diese Techniken und Praktiken machen sich nützlich und gewinnen an Einfluss, weil sie sich als Mittel der Machtsicherung, Effizienzsteigerung und als Marktvorteil bewährt haben. Nicht nur ideologisch, sondern auch technisch und praktisch bedient sich die nationalsozialistische Führung internationaler Trends wie der Eugenik, der umfangreichen Datenerfassung und des *Scientific Management* in seiner moderneren fordistischen Spielart.

Es gibt zwei Richtungen, in die der Imperativ zur Erhöhung des Wirkungsgrades im Nationalsozialismus ausstrahlt. Die Vernichtung und Verfolgung der europäischen Juden, Homosexuellen, Sinti und Roma, Kommunistinnen, »Asozialen« und Kranken soll den rassischen Reinheitsgrad erhöhen und dadurch den wirtschaftlichen, kriegerischen, kulturellen, biologischen und weltpolitischen Führungsanspruch der »deutschen Volksgemeinschaft« erhöhen. Und die »Ausmerzung« der widerständigen Elemente soll selbst nach »rein wissenschaftlichen«, auf den Wirkungsgrad fokussierten Kriterien ablaufen. Widerstand jeder Art wird in der Vorstellungswelt der Nazis, in der sich Eugenik und Sozialdarwinismus mit dem Mythos von »Blut und Boden« mischen, in vielen Fällen erbbiologisch, in jedem Fall aber als schädlich für die Volksgemeinschaft gedeutet. Ob der Jude das arische Blut sabotiert oder der Arbeitsscheue die Rüstungsproduktion, vor beiden muss das deutsche Volk angesichts seines »Überlebenskampfes« bewahrt werden. Insofern wird auch gegen sogenannte Bummelanten und Arbeitsscheue die KZ-Haft eingesetzt. Wie aber werden die widerständigen Elemente ermittelt?

Durch die lückenlose Erfassung, Codierung und statistische Auswertung der Beschäftigtenmeldungen durch die Bezirksstellen des *Maschinellen Berichtswesens*[36], dem Organ der Kriegsplanung für den Einsatz der Lochkartentechnik[37], das ab 1940 unter dem Reichsminister für Bewaffnung und Munition Fritz Todt, ab 1942 unter Albert Speer zunehmend an Bedeutung gewinnt. Der Vorgang ist bemerkenswert, weil mit der Arbeitsverweigerung als quantitativem Datum eine Form von Kriminalität auftritt, die sich erst auf der Ebene der Daten zeigt/herstellt. Auch um die Vererbbarkeit abweichenden Verhaltens nachzuweisen und zu regulieren, werden statistische Verfahren bemüht. Der Lebensraum wird statistisch überwacht, um Abweichung festzustellen. Die »Abnormalen« müssen erst auf der Ebene der Ordnung, in der Abstraktion, zur Erscheinung gebracht werden, bevor sie zum Verschwinden gebracht werden können. Nicht der kriminelle Akt oder die kriminelle Intention, sondern das statistisch abweichende Verhalten wird ausschlaggebend. Darin liegt eine Parallele zu der in der Folge des Zweiten Weltkrieges erfundenen Radartechnik, die den Luftraum als Abstraktion abbildet und überwacht. Sie bestimmt den Feind, ortet ihn und macht seine Bewegung berechenbar, um ihn abzuschießen. Auch der moderne Drohnenkrieg kennt diesen Mechanismus: Innerhalb der Operation der »signature strikes« überwacht eine Drohne die Einwohner einer bestimmten Region. Wird in deren Verhalten Übereinstimmung mit terroristischen Verhaltensmustern festgestellt, erfolgt der Beschuss. Weder Opfer noch Täter beherrschen die Algorithmen, die sie als das eine oder andere qualifizieren. Die Verkettung scheinbar trivialer Handgriffe, Verhaltensweisen und Rechenoperationen resultiert in Unmenschlichkeit – Vernichtung.

Den technischen Strukturen ist dabei wesentlich, dass sie universell einsetzbar und gleichzeitig flexibel für individuelle Aufgaben adaptierbar sind. Sie können zur Verteilung von Geldern zur sozialen Sicherung ebenso verwendet werden wie zur Verteilung von Zwangsarbeiterinnen oder den zur Vernichtung vorgesehenen Bevölkerungsgruppen. Ihre Attraktivität besteht darin, überhaupt eine effektive Ordnung zu schaffen, nicht darin, welche Ordnung geschaffen wird. Das politische wird zum technischen Problem. So wurden denn auch die Niederlage des Deutschen Reiches im Ersten Weltkrieg und die gleichzeitige revolutionäre Bewegung der Novemberrevolution in ein Effizienzproblem der Verwaltung umgedeutet.

Diese als äußerst wichtig betrachtete Arbeit [der Lochkartenerfassung, L.M.] beruhte auf der Erkenntnis, dass im 1. Weltkrieg die Auszahlung der Versorgungsansprüche der Kriegsteilnehmer und Hinterbliebenen an der zu langwierigen Bereitstellung der Unterlagen gescheitert war. Man war zu der Überzeugung gekommen, daß diese schlechte Organisation sehr zur revolutionären Stimmung am Kriegsende 1918 beigetragen hatte.[38]

Neben all dem öffentlich verbreiteten Pathos der Dolchstoßlegende existierte eine Analyse, in der die Bürgerinnen als unzufriedene Kundinnen des Staates und seines Krieges auftauchen. Der Staat hat den Lohn nicht pünktlich gezahlt, der Arbeitsvertrag zwischen Unternehmen und Individuum wurde verletzt, also wenden sich die Unzufriedenen der Konkurrenz, der Revolution, zu. Die Möglichkeit einer Revolution muss einkalkuliert, und der potenzielle revolutionsverursachte Verlust muss gegen verhältnismäßig geringere Kosten der Lohnerhöhung abgewogen werden. Diese Form ordnungspolitischen Handelns, die widerständige Tendenzen in paternalistischen Verwaltungsstrukturen einfängt und befriedigt/befriedet, lässt sich bereits am Umgang Bismarcks mit der Arbeiterinnenbewegung beobachten. Gegen die politische und systematische Umwälzung der Verhältnisse durch ein Proletariat, das sich in der Aktion seiner eigenen Rolle und Macht im Produktionsprozess des ganzen staatsökonomischen Gebildes bewusst wird, setzt man das Versprechen der väterlich zugeteilten unmittelbaren Befriedigung der Interessen als persönliche Interessen. »Instant Gratification« (unmittelbare Befriedigung) spielt auch in der Konstruktion und Funktion heutiger digitaler und analoger Produkte die entscheidende Rolle. Sie ist das Tool, das die Konsumentinnen in die Knie zwingt und Monopolisten wie Google zu ihrer Macht verhilft.

Das Problem der Machtsicherungs- und Machtvergrößerungstechniken, denen man sich – außer um den Preis des Machtverzichts – nicht entziehen kann, wird jedoch nicht erst mit der Industrialisierung und dem Siegeszug der Datenverarbeitungstechnik virulent. Nur wenige Jahre nach der »Entdeckung Amerikas« durch Kolumbus sieht sich der Geistliche Bartolomé de Las Casas mit Verwüstungen der spanischen Konquistadoren konfrontiert. Er schildert zahlreiche Versuche, dem Morden und der Erniedrigung der indigenen Bevölkerung durch den Verweis auf die göttliche Ordnung Einhalt zu gebieten. Nur, die göttliche Ordnung ist nicht länger die Struktur, nach der sich die Interessen formieren. Las Casas gibt sich alle Mühe, die herrschenden Kriterien zu begreifen:

»Der Admiral war […] so ängstlich bedacht, dem König zu gefallen, dass er nicht wieder gutzumachende Verbrechen gegen die Indianer beging.«[39] Aus dieser Motivationslage folgt für Las Casas, nachdem seine Apelle als Mann Gottes nichts auszurichten vermochten, die Notwendigkeit, sich an den genannten König zu wenden. Doch muss er feststellen, dass auch der König dem unaufhaltsamen Funktionieren der Ausbeutungs- und Auslöschungsmaschine nichts entgegenzusetzen hat und dass die Schrecken in der Sphäre der Produktion der kolonialen Reichtümer isoliert bleiben und der Wirkung, das heißt dem Wert der über den Atlantik verschifften Reichtümer, nichts anhaben können.[40] Die Macht des Wertgesetzes übersteigt längst die Macht des Königs. Ausgehend von der Frage des Profits ergibt das göttliche Argument ebenso wenig Sinn wie das königliche. Es macht für die Käuflichkeit der erbeuteten Waren (und sie sind Waren und eben nicht mehr Beutegut, sobald sie als solche gehandelt werden) keinen Unterschied, ob ihre Produktion dem göttlichen oder dem königlichen Gesetz widerspricht. Das Gold, das mittels der Verbrechen an den Indianern zum König gelangt, betrifft als reines Machtmittel die Fähigkeit des Königs überhaupt, Gesetze zu erlassen – seine Effektivität. Der König selbst hat keine Macht darüber, was gut für den König ist.

Entgegen dem Schweiß und dem Blut der konkreten Ausbeutungsbeziehungen erscheinen die darin geschaffenen Waren als neutral. Diese Neutralität des Werts wirkt auf die Ausbeutungsbeziehung zurück und macht sie effektiv. Deswegen sind gesellschaftliche oder legalistische Umwälzungen nicht durchgreifend, solange sie die Eigentumsverhältnisse unangetastet lassen.

Selbst wenn die Ausbeutungssituation abgeschafft scheint, ihre Wertanhäufung, das Kapital das aus ihr geschlagen wurde, besteht fort. Im Fall des NS-Staats und der Konzerne, die von ihm profitiert haben, zeigt sich das Problem besonders deutlich. Wenn die deutsche Industrie, das deutsche Kapital, nach dem Sieg der Alliierten ihre Marktpositionen und das Kapital, die sie aus Zwangsarbeit, der Enteignung und Vernichtung von Juden und anderen verfolgten Gruppen gewonnen hatten, behalten konnten, werden diese Gewaltmittel noch im Nachhinein mit Wert und Effektivität ausgestattet. Ähnlich verhält es sich mit den Profiten, die in den amerikanischen Südstaaten durch Sklavenarbeit abgepresst wurden. Dadurch, dass diese Profite, das Kapital und das Land nach dem amerikanischen Bürgerkrieg in den Händen der Sklavenhalteroligarchie verbleiben konnten, wurde der Ausbeutung der Sklavinnen und Sklaven weiterhin Wert und Effektivität verliehen. Durch die gewalttätige Aneignung hatte die Ausbeuterklasse eine Machtposition errungen, die auch unter den neuen Verhältnissen weiterwirken konnte. Von dieser Machtposition aus waren es dieselben Profiteure, die jetzt die entscheidenden Mittel hatten, die Ausbeutung als Ausbeutung von Lohnarbeit oder Schuldknechtschaft fortzusetzen. Die Eigentumsverhältnisse, die durch Sklaverei und Zwangsarbeit hergestellt wurden, wirken bis heute fort, weil das Kapital und der Grundbesitz die gesellschaftliche oder parlamentarische Reform überleben. Die Armut und Verwundbarkeit der landlosen Bevölkerung ehemaliger Kolonien und der afroamerikanischen und indigenen Bevölkerungsgruppen resultieren aus dieser Kontinuität des Kapitalismus.

Ähnlich verhält es sich mit technischen Innovationen. Sie betreffen die Fähigkeit der Regierung oder Unternehmensführung, überhaupt eine Ordnung verwirklichen zu können – ihre Effektivität. Mit dem Hinweis auf die Meldepflicht, die 1938 von den Nazis eingeführt wurde und bis heute fortbesteht, konstatieren die Historiker Götz Aly und Karl Heinz Roth: »Unsere Lebensbedingungen und Lebensgewohnheiten sind erstaunlich intensiv von den Erfassungstechniken geprägt, wie sie die Nazis 1938/39 und dann im zweiten Anlauf 1943/44 durchgesetzt haben.«[41] Die Figur, die bei der Stabilisierung der technikgestützten Macht eine zentrale Rolle spielt, ist der Erfinder, der Wissenschaftler, der Beamte, der Buchhalter, der Technokrat.

Die Ordnungstechniken unterteilen und spalten die Menschenmasse nach herrschaftsdienlichen Definitionskriterien, spalten die Planer von den Geplanten, die Unternehmer von den gelenkten Datenströmen, den Programmierer von den Programmierten und so weiter. Um dem Verschwinden in der Masse, auf die das System angewandt wird, zu entgehen, bietet sich nur die Strategie an, selbst zum hervorragenden Anwender des Systems, also Technokrat zu werden. Klaus Theweleit bringt den Widerspruch zwischen Allmacht und bereitwilliger Eingliederung in die Masse in dem schönen Satz auf den Punkt: Man versucht »im Ritual selbst zum Teil des transzendentalen Phallus zu werden, der allen Sinn stiftet«.[42] Als gehorsamer Teil des geordneten Stroms partizipiert man an der ordnenden Macht. Von der reibungslosen Anpassung an den Imperativ des erhöhten Wirkungsgrades erhofft man sich den Beweis des eigenen Auserwähltseins. Der Krieg ist in dieser Konstellation nicht gewollt, weil man aufgrund der »rassischen Überlegenheit« des Sieges gewiss wäre, sondern man braucht ihn, um sich der »rassischen Überlegenheit« zu vergewissern, als Inszenierung der Überlegenheit. Die Konkurrenz der Nationen wird zur Fläche, auf der sich Überlegenheit abzeichnen soll. Die Bilanzen von Einnahmen und Ausgaben, von Gebietsverlust und Gebietsgewinn, von Toten und Überlebenden, von feindlicher Übernahme und Verbundeffekten sprechen das letztgültige Urteil. Noch 1943 heißt es in einer Rede Himmlers: »Das Gesetz der Natur ist eben dies: Was hart ist, ist gut, was kräftig ist,

ist gut, was aus dem Lebenskampf körperlich, willensmässig, seelisch sich durchsetzt, das ist das Gute, – immer auf die Länge der Zeit gesehen.«[43]

Im Nachwort zum »Kunstwerk im Zeitalter seiner technischen Reproduzierbarkeit« bemerkt Benjamin zur Bedeutung der Technik faschistischer Bildwerzeugung:

Der massenweisen Reproduktion kommt die Reproduktion von Massen besonders entgegen. In den großen Festaufzügen, den Monstreversammlungen, in den Massenveranstaltungen sportlicher Art und im Krieg, die heute sämtlich der Aufnahmeapparatur zugeführt werden, sieht die Masse sich selbst ins Gesicht. [...] Massenbewegungen stellen sich im allgemeinen der Apparatur deutlicher dar als dem Blick. [...] Das heißt, daß Massenbewegungen, und so auch der Krieg, eine der Apparatur besonders entgegenkommende Form des menschlichen Verhaltens darstellen.[44]

Die Gefahr der Masse wird in der phallischen Ordnung des technisch vermittelten Spiegelbildes gebannt. Um das gewünschte Bild abzugeben, ist es notwendig, die Spielregeln des Krieges und seiner technischen Reproduktion – Mobilität, Effizienz und rationale Ordnung – zu beherrschen. In dieser Vergewisserungstechnik spielt

die Karte, auf der sich der Gebietsgewinn abzeichnet, eine ebenso wichtige Rolle wie die Statistik, die den Rückgang der Arbeitslosigkeit beweist. Alles wird in den übergeordneten, der
Masse mächtigen Blick genommen. In diesem
Sinne bezeichnet der *Völkische Beobachter* den
Zensus von 1939 als »Eröffnungsbilanz des groß-
deutschen Reiches«[45], das sich jetzt als konkur-
renzfähig erweisen muss. Es wird ein Medium
geschaffen, in dem sich die neue Ordnung verwirklichen kann wie der Künstler auf der leeren
Leinwand. Das Marschieren in der Masse ist nur
aushaltbar, weil man um die höhere Ordnung
weiß, sich mit ihr identifiziert.[46] Dieser Zusammenhang ist deshalb so interessant, weil die Arbeiterin sich hier quasi mit der Betriebsführung,
mit dem Prinzip ihrer Ausbeutung und Instrumentalisierung versöhnt, um ideell am Erfolg der
Unternehmensbilanz partizipieren zu können.
Welche ist aber die Instanz, die über diesen Erfolg urteilt? Der Darwinismus hat mit der Idee
des Überlebens des Stärkeren die Biologie als Urteilsinstanz etabliert, der man von nun an Be-
weise zu entlocken versucht. Die Geschichte und
Geografie, in der das Tausendjährige Reich durch
Dauer und Größe den ultimativen Beweis erbringt,
ist eine weitere. Der Markt bietet eine andere,
und wieder eine andere Instanz, die den Sieg verzeichnet, offenbart eben die Statistik. Bis heute

ist jedem die Möglichkeit gegeben, sich durch die Nennung einer Statistik dem Terror der ungebändigten Mannigfaltigkeit der Masse zu entziehen und an der *Law-and-Order*-Phallokratie zu partizipieren.

Die logistische, statistische und datenverarbeitende Apparatur ermöglicht es, divergierende Interessen in der harmonischen Arbeit an der optimierten Maschinerie, an ihrer reibungslosen und gesteigerten Effektivität zu vereinen. Die Tätigkeit der integrierten Arbeiterin folgt dem Imperativ der internen Harmonie und Effizienz des logistischen Systems, dem Imperativ der ordnungsgemäßen Handlung, die aus dem rationalen und materiellen Aufbau der Maschine folgt. Die Logistikexpertin versucht in ihrem Verantwortungsbereich das Beste zu geben, ohne zu wissen, oder wissen zu wollen, was der Zusammenhang aller Aufgabenbereiche hervorbringt. Im kapitalistischen System ist der Imperativ des übergeordneten Zusammenhangs die Maximierung des Profits. Den maximalen Profit erzielen Konzerne wie IBM oder Ford beispielsweise nicht, wenn sie sich entweder für die Achsenmächte oder die Alliierten entscheiden, sondern wenn sie einen Weg finden, von beiden zu profitieren. Von beiden Seiten zu profitieren heißt, beide Seiten dem Zweck der Kapitalverwertung unterzuordnen. Weder die eine noch die andere Seite konnte es sich unter der Herrschaft der im Krieg auf Leben und Tod gesteigerten Konkurrenz leisten, die Zusammenarbeit mit den US-Unternehmen mit der Begründung des Landesverrats abzulehnen. Auch die Arbeiterinnen und Beamten erzielten durch ihre *sachgerechte/ordnungsgemäße* Bedienung der Maschinerie der Verwertung individuelle Vorteile wie Lohn, Aufstieg, soziale Absicherung, Anerkennung durch Familien, Vorgesetzte und Partner, die nicht zwingend identisch waren mit dem, was sie im Interesse der Nationalsozialisten kollektiv bewirkten. Was die Arbeiterin und die Beamtin sich in den eigenen Augen erarbeiteten, war Autonomie.

> Ja, die Uniform bei der Wehrmacht sah gut aus und erst mit dem Schiffchen! Und mit dem Blitz, das gefiel mir besonders. Das waren ja die Blitzmädchen. Und es gelang mir, mich dienstverpflichten zu lassen. Ich hatte die Möglichkeit, Funkerin, Telefonistin oder Fernschreiberin bei der Wehrmacht zu werden. So meldete ich mich als Fernschreiberin, weil mir das am interessantesten erschien. Ja, richtig, es war Krieg, aber der stand ganz im Hintergrund. Da war mehr dieses Abenteuer, das mich lockte.[47]

Was die Handlungen maschinenbedienender Arbeiterinnen motiviert und reguliert, ist die unmittelbare Maschinenantwort, nicht die Maschinenwirkung im Ganzen. Die Nutzeroberfläche bedienen sie gemäß ihrer persönlichen Bedürfnisse. Die Kriegsmaschine bietet Frauen, die mit der Machtergreifung von den zivilen Arbeitsplätzen verdrängt wurden, eine Möglichkeit, aus den engen bürgerlichen Familienstrukturen auszubrechen. Gerade der technische Charakter der Berufe sorgt dafür, dass der Krieg selbst nicht ins Bewusstsein rücken muss. Stattdessen werden fachliche Kompetenzen erworben, die auch im zivilen Bereich Karrierechancen bieten konnten. In ihrer Subjektivität als Privateigentümerin ihres Lohns gehört alles, das Reiseabenteuer, die Fachkompetenz, das Gehalt, *ihr* und hat mit dem Krieg nichts zu tun. »Sie sagen, dass sie sich damals nicht für Politik interessierten, dass sie mit sich selbst beschäftigt waren.«[48] An dieser Selbstwahrnehmung sind durchaus Parallelen zu dem auszumachen, was man heute *Women's Empowerment* nennt. Frauen nehmen ihr Schicksal selbst in die Hand und machen von den staatlichen, militärischen, technischen Angeboten und Apparaten als Instrumente Gebrauch, um ihr Ziel, sich selbst zu verwirklichen, zu erreichen. Gerade der militärische Beruf steigert als Insignie männlicher Potenz den Grad an Emanzipation. Es macht einen Unterschied, ob man *Women's Empowerment* anstrebt, um zu siegen oder um zu sabotieren und mit den anderen gemeinsam zu desertieren. Die soldatische, ebenso wie die lohnarbeitsmäßige und erst recht die bürgerliche Emanzipation bleibt ambivalent. Solange sie auf die Interessen eines bürgerlich konzipierten Subjekts ausgerichtet ist, schlägt sich *Empowerment* in der eigenen Ausbeutung und der anderer im Namen der Gesetzmäßigkeiten ökonomischer Strukturen nieder. Der proletarischen Frauenbewegung war der widersprüchliche Charakter der Emanzipation von vornherein bewusst. 1889 in einer Rede auf dem Internationalen Arbeiterkongress in Paris beschreibt Clara Zetkin die zweischneidige Situation der arbeitenden Frauen: »Die von ihrer ökonomischen Abhängigkeit dem Manne gegenüber befreite Frau ward der ökonomischen Herrschaft des Kapitalisten unterworfen; aus einer Sklavin des Mannes ward sie die des Arbeitgebers: Sie hatte nur den Herrn gewechselt.«[49]

Das Problem trifft jedoch nicht allein Frauen. Jegliche Art von Emanzipation und Aufstieg innerhalb der herrschenden gesellschaftlichen Strukturen bleibt in diesem Widerspruch gefangen. Tatsächlich ist die Konstitution des bürgerlichen Subjekts von vornherein in den widersprüchlichen Charakter seiner Autonomie verstrickt. Die Unabhängigkeit durch Waren- oder Geldansammlung ist Abhängigkeit von der und Mitschuld an der weltweiten Ausbeutungsstruktur.

Ford und IBM[50] verkörpern entscheidende Charakteristika der globalen technosozialen Entwicklung – Standardisierung, Beschleunigung, Fragmentierung und Simulationstechniken. Eisenhower hat den Terminus des militärisch-Industriellen Komplexes geprägt. Es handelt sich jedoch nicht um einen abgegrenzten Gesellschaftsbereich, eine korrupte Clique von Managern und Generälen, Geheimdienstorganisationen, Politikern oder, im Fall der Atombombe, gewissenlosen Wissenschaftlern. Gerade in der Ermöglichung der losen Zusammenarbeit und gegenseitigen Instrumentalisierung – in der alle Unstimmigkeiten überwindenden Neutralität – liegt der entscheidende Erfolgsfaktor. Es muss Techniken und Organisationsverfahren, eine bestimmte gesellschaftliche, psychische und materielle Anordnung geben, die konkreten Zielen und Konzepten zur Durchsetzung verhelfen, ohne in ihnen vollkommen aufzugehen. Diese Techniken machen vor den Individuen nicht halt, sondern integrieren sie, indem sie mit ihnen unter den Vorzeichen des Warenverkehrs interagieren und sie durch die Form der Interaktion selbst als Ware bzw. als ebenso austauschbare Einzelmomente einer technischen Anwendung strukturieren. Der Krieg ist eine komplexe Apparatur,

die Mehrwert generiert und die sich den Individuen wie den Kriegsparteien als Selbstverwirk-
lichungsinstrument andient. Selbstverwirklichung
allerdings im Rahmen der Konkurrenz immer
mitgedacht als Vernichtung, Ausscheidung und
Neutralisierung der Konkurrenz. In der Welt, die
als überdimensioniertes Assessmentcenter der
Rassen vorgestellt wird, kann gewinnen, wer die
neuen Technologien souverän beherrscht.

Staubsauger-Maschinengewehr

Harun Farockis Arbeiten kreisen um diesen
Komplex der Mensch-Maschinen-Systeme. In
dem Film *Nicht löschbares Feuer* äußert er die
Frage, wie man das Morden konkret als Folge der
Napalmproduktion stoppen kann. Im Prolog
spricht Farocki selbst in die Kamera: »Wenn die
Zuschauer mit den Folgen von Napalmeinsätzen
nichts zu tun haben wollen, dann muss man un-
tersuchen, was sie mit den Ursachen von Napalmeinsätzen zu tun haben.« Das bedeutet, die Techniken, Fabriken und Waffen sind nicht einfach
da und unterjochen uns. Auch sind ihre Folgen
nicht einfach als Dinge in der Welt, auf die wir
uns moralisch bewegt, instrumentell beziehen können. Farocki entscheidet sich, keine Film-

maschine zu konstruieren, die den Zuschauern eine Maschinenantwort entgegenschleudert, die Mitleid oder Empörung erzeugt. Er versucht sichtbar zu machen, wie der Mechanismus funktioniert, der ermöglicht, dass die Effekte der Arbeit den Intentionen der Arbeiterinnen (Ich will keinen Krieg) widersprechen, auch wenn die sichtbaren Auswirkungen (als Lohn, gesellschaftliche Anerkennung, Karriereaussichten, Kreativität etc.) ihren Interessen zu entsprechen scheinen. Es ist keine Frage der Gerechtigkeit, sondern eine Frage der Entfremdung/Entfernung, die sich in dem paradoxen Problem eines Arbeiters der Staubsaugerfabrik widerspiegelt:

»Meine Frau kann einen Staubsauger gut brauchen. Deshalb nehme ich jeden Tag ein Einzelteil mit. Zuhause will ich den Staubsauger zusammensetzen, aber wie ich es auch mache, es wird immer eine Maschinenpistole draus.«[51]

Der Student, in den sich der Arbeiterschauspieler wenig später verwandelt, hat das gegenteilige Problem, er will den Skandal aufdecken, dass in der Fremde mit Waffen dieser Fabrik gemordet wird. Auch er nimmt Stücke mit, aber wenn er sie zusammensetzt, wird statt der entlarvenden Waffe der heimische Staubsauger daraus. Als Nächstes tritt derselbe Schauspieler als Ingenieur auf. Er erklärt: »Dieser Staubsauger kann eine nützliche Waffe werden. Diese Maschinenpistole kann ein nützlicher Haushaltsgegenstand werden.« Darin äußert sich nicht nur die Abstraktion und Fragmentierung des Produktionsprozesses, hinter dem die konkreten Produkte beliebig werden, sondern das Wechselspiel deutet eine weitere Austauschbarkeit an: die Frau zu erschießen und Vietnam zu säubern. Blickt man über die Napalm-Herstellung hinaus, in der der Arbeiter als Ware konsumiert und die Waffe produziert wird, dann zeigt sich, dass die Frau nur eine andere Produktionsebene bearbeitet, die den kleinen weißen Arbeitermann reproduziert, während in Vietnam die Stabilität des demokratisch-freien Westens unter der rassistischen Prämisse »Life is cheap in the Orient«[52] reproduziert wird.

Es ist ein prägnantes Bild für das Warenverhältnis, in dem die Menschen nicht konsumieren, was sie produzieren, und nicht produzieren, was sie konsumieren. Es ist aber auch ein Bild für das Funktionieren des Ganzen gerade aufgrund der universellen/neutralen Nützlichkeit der produzierenden und produzierten Techniken. Ihr Produzieren übersetzt sich für sie in ebenso universal mächtigen Lohn, der mit den Gesetzmäßigkeiten und Effekten ihres Produzierens nichts mehr und mit den Eigenheiten ihrer Konsumbedürfnisse noch nichts zu tun hat. Die Abstraktheit der Technik gleicht der Abstraktheit des Lohns, die die Abstraktheit wiederum auf den Menschen überträgt, der entweder vor der totalen Austauschbarkeit resigniert oder meint, als Individuum, als Selfmademan durch die Macht seiner Lohntüte zu allem fähig zu sein, wie die Technik, die er bedient und die er jetzt in Miniatur kaufen kann. »Mimesis ans Tote« heißt das bei Horkheimer und Adorno. Die Verwechslung der eigenen (Ohn-)Macht und der (Ohn-)Macht aller anderen Arbeiter mit der (Ohn-)Macht des Kapitals, diese seltsame Identifikation mit dem Boss (sei es Firma, Staat oder Technik) ist eine höchst widersprüchliche Angelegenheit, die aber gerade aus ihrer Widersprüchlichkeit ihre Produktivität für das Kapital zieht. Denn der Selfmademan muss ständig konsumieren und arbeiten, um den Widerspruch aufzulösen. Die Technik, die er sich anschafft, ist vergegenständlichte Arbeit anderer, also nicht wirklich *seine*. Jeder könnte seinen Job machen, seine Lohntüte übernehmen und sein Gerät kaufen, was bedeutet, dass ihm die Ware seine Austauschbarkeit ebenso widerspiegelt wie die Technik in der Fabrik. Die Austauschbarkeit setzt ihn in permanente Konkurrenz zu den anderen Arbeitern, der er wieder zu entgehen glaubt durch die Anschaffung neuer Waren, die ihn zu neuen Höhen tragen sollen. Aber nach jedem Kauf ist er wieder nur austauschbarer Bediener/Diener der Maschinen.

Er wird von der Maschine immerzu gleichzeitig ermächtigt und negiert, zum Unternehmer aufgeschwungen und zum Proletariat erniedrigt.

Die Ökonomisierung schraubt sich in das Individuum ein. Es instrumentalisiert seine Arbeitskraft in Form von Lohnarbeit, um das Unternehmen seiner privaten Selbstverwirklichung durch Warenansammlung voranzubringen, und es instrumentalisiert seine »private« Existenz, um seine Selbstverwirklichung als konkurrierende Ware Arbeitskraft und als anerkanntes (gesund, sexy, selbstbewusst, *connected*, auf der Höhe der Zeit usw.) Gesellschaftsglied zu erreichen. Der Mensch als Werkzeug der Fabrik, aber auch der Mitmenschen, die nur über seine Ware gewordenen Arbeitsprodukte mit ihm in Beziehung treten, und schließlich seiner selbst, indem er, um voranzukommen, sich zur Ware bearbeitet. Das Problem der Austauschbarkeit des konkreten einzelnen Menschen kann durch das konkrete technische Gerät ebenso wenig gelöst werden, wie es dadurch erzeugt wurde. In jeder Warentauschbeziehung, in jedem Kauf oder Verkauf lebendiger oder vergegenständlichter Arbeitskraft bestätigt sich die Operation der Gleichsetzung – also der tendenziellen Austauschbarkeit jeder konkreten Arbeit gegenüber allen anderen konkreten Arbeiten. Egal, wie sehr die Waren für die Privatkonsumentinnen personalisiert werden, die Austauschbarkeit bleibt bestehen, weil sie sich sonst nicht kaufen und verkaufen ließen und weil sie in der kapitalistischen Ordnung gemäß der Gleichsetzung und Veräußerlichkeit aller menschlichen Arbeit produziert wurden. Der Blick auf die Menschen im direkten Umfeld schlägt ständig ins Ranking um. Die Bildungsinstitutionen und Medien umgeben uns von klein auf mit Bewertungsmaßstäben, die uns unsere Austauschbarkeit vorführen. Der Kunstmarkt ist bezeichnend für diese Form von Individualisierung und gleichzeitiger Gleichschaltung. Der Markt weiß alles mit einem Preis auszustatten, egal, wie sperrig das Werk, die Äußerung, selbst die flüchtigste Performance ist. Von hier aus gesehen ist alles Bedrohung: Die neben einem könnten den eigenen Job klauen, die Arbeitslosen, Obdachlosen verkörpern die Angst vor dem eigenen Abstieg, die Besserverdienenden haben es nicht verdient, weil man ihren Job mit der richtigen Technik selbst auch meistern könnte, die Kolleginnen könnten einen verraten, der Chef könnte einen feuern. Vielleicht liebt selbst der andere einen nur für die austauschbaren Lohntütenzaubereien, mit denen man versucht, Oberwasser zu gewinnen. Die Aktivität richtet sich auf die größtmögliche Ausweitung und Absicherung des Besitzstands. Man weiß nie, was kommt. Und da geht immer noch was. So wie es immer noch ein Gerät mehr, noch eine Pille mehr gibt, um mich omnipotent zu machen und endgültig vom Feld der Konkurrentinnen abzuheben, gibt es auch immer noch eine Fuge, die nicht dicht ist, eine Nachbarschaft, die nicht sicher genug ist, eine Kollegin oder Nachbarin, die nicht gleich genug aussieht, eine Versicherung, die noch abgeschlossen werden muss. Dabei wird der Diskurs gegen Gruppen, die anders sind, als es der Chef verlangt und als ich es zu sein versuche, ein Sammelpunkt der Aggression und des Widerstands gegen die eigene Ohnmacht und Austauschbarkeit. Sie als *anders* an den Pranger zu stellen, positioniert mich ihnen gegenüber als den *Gleicheren*, ihren Ausschluss, ihre Abschiebung, ihr Verbot zu verlangen, vermindert die Konkurrenzangst und erhöht die Sicherheit meines Status quo. Die ständige Rede von der Bedrohung der inneren Sicherheit trifft das Individuum tatsächlich im Inneren, wo es sich ständig selbst als Bedrohung gegenübersteht, die *eigene* Sache zu verspielen. Dieses bedrohliche Selbst, das proletarisch abgetrennt wird, um die austauschbare Ware Arbeitskraft zu werden, ist die Kontaktstelle, um die sich MRX-Maschine bemüht. Bei dieser Fassung des Proletariers gibt es keine Opfer, es gibt nur den Kreislauf von Opfern, die sich für Täter halten, und von Tätern, die sich als Opfer sehen. Die psychologisierenden

Diskurse wollen gerne vergessen machen, dass Arroganz, Anmaßung und Narzissmus in den meisten Fällen Arroganz und Anmaßung im Namen des Staates und des Marktes sind, an deren Kriterien sich halten muss, wer über die anderen hinweg aufsteigen will. Die grausamsten Mafiosi, die ruchlosesten Menschenhändler und die durchgedrehtesten Warlords können sich auf die Stabilität der Wechselkurse verlassen. Sobald ihr Beutegut auf den Markt trifft, sind alle Sünden vergeben, ist der bloße Gewinn von seinen Produktionsbedingungen reingewaschen.

Aber nicht nur die Ausbeutungsachse Unternehmen – Arbeiterin verlängert sich ins Subjekt hinein. Mit der Rationalisierung und Veräußerung des Privatbereichs wird die Sphäre der Reproduktion umstrukturiert, die vorher nicht einfach Freiraum war, sondern vielfach Bereich der Reproduktionsarbeiterinnen. (»Meine Frau kann den Staubsauger gut brauchen«). Das klassische Familienmodell mit dem Familienlohn des Ehemannes bildet den häuslichen Raum zum Zulieferbetrieb der Fabrik aus. Hier werden männliche Arbeiter regeneriert, sexuell und ästhetisch belohnt und unterhalten, gefüttert, gewaschen und als Nachwuchs reproduziert und trainiert.

Daddy-fik(a)tion und Staat

> *Du kannst den Kolonialismus verfluchen,*
> *den Imperialismus und alle anderen Arten*
> *von -ismus. Aber es wird dir schwererfallen,*
> *den Dollarismus zu verfluchen. Wenn sie*
> *mit den Dollars nach dir werfen, bist du*
> *deine Seele los.*
>
> Malcolm X

»You can't be neutral on a moving train.« Diese Maxime des Historikers der Arbeiterinnenbewegung Amerikas, Howard Zinn, bezieht sich nicht allein auf die Geschichtsschreibung, sie gilt ebenso für die Bereiche der Wissenschaft, des politischen Diskurses, des Journalismus und der Erziehung. Neutralität bedeutet die Verdrängung und Verdeckung der Produktionsbedingungen, sie hat an der Warenform ihr Modell. Von der Neutralität leitet die aufrechte Bürgerin ihre Unschuld ab. Neutralität ist die Legitimation des menschenverachtenden Einwanderungsgesetzes, das man den ungehobelten Neonazis entgegenzusetzen meint. Neutralität ist die umso effek-

tivere und gewalttätigere Ausbeutung der vermeintlich De-Kolonialisierten durch das Modell
der Tochterfirmen, der Lieferketten und des Out-
sourcings. Es ist die Philosophie der logistisch
und marktmäßig abgetrennten und umso fester
angeschweißten Lieferketten.

Die Marx'sche Rede davon, dass das Bewusstsein der herrschenden Klasse das herrschende
Bewusstsein sei, hat nie so sehr zugetroffen wie
in Zeiten der digitalisierten Verwaltung, des for-
dernden und fördernden Sozialstaats und der
Konsumkultur. Die Identifikation der Bürgerinnen mit den herrschenden Strukturen ist zur
Selbstverständlichkeit geworden. Die Dinge sind,
wie sie sind, und jeder wird zum Experten für die
sachgerechte Anpassung an den Status quo. Kinder werden von ihren Eltern, Schülerinnen von
ihren Lehrerinnen, Arbeiterinnen von ihren Kolleginnen, Patientinnen von ihren Ärztinnen und
Therapeutinnen, Servicekräfte von Userinnen und
Migrantinnen von Sozialarbeiterinnen zu funk-
tionierenden Zahnrädern diszipliniert. Man in-
formiert sich – über sein Gehirn, seine Verdauung,
seine Nachbarn, die besten Erziehungsmethoden,
den günstigsten Flatscreen, die Kultur und Geschichte des Mittleren Ostens, um seinen Körper,
sein Konto, seine Stimme möglichst effizient zu
verwalten. Dieser Pragmatismus, diese Arbeit am
eigenen Gehorsam und dem seiner Mitmenschen

ist alles andere als selbstverständlich. Die Arbeiterinnenbewegung zeichnete sich in revolutionären Situationen gerade dadurch aus, *beratungsresistent* gegenüber staatlichen und gewerkschaftlichen Institutionen zu sein. Wie konnten das individuelle Beratungsangebot, das private Sparkonto, das eigene Kalendarium, der persönliche Fitnessplan, der selbstverantwortliche Plan zur Altersvorsorge an die Stelle des Generalstreiks treten? Wann ist der Begriff der Selbstorganisation von der selbstorganisierten Versorgung der Streikenden mit warmen Mahlzeiten zu einem Tool der individuellen Selbstoptimierung geworden?

Die Geschichtsschreibung des bürgerlichen Staates und der sozialen Marktwirtschaft ist von einem großen Missverständnis geprägt. Geschichte, die aus der Perspektive der genialen Staatsmänner, Erfinder und Wirtschafts- und Geistesgrößen geschrieben wurde, kennt auf der anderen Seite nur erfolgreiche Integration, hilflose Opfer und besiegte irrationale Bösewichte. Die Geschichte der Kämpfe wird verdrängt, was übrig bleibt, ist die väterliche Güte des Staates, der sich mit parlamentarischen Mitteln, geordneten Demonstrationen und rationalen Argumenten habe umstimmen lassen, oder sofern alles in parlamentarischen Bahnen ablief, sich quasi selbst umgestimmt habe. Heute, wird suggeriert, seien wir der Staat. Überall habe man ein offenes Ohr für unsere Wünsche, man müsse nur einen Antrag, eine Kundenbewertung, ein Volksbegehren, einen Userkommentar, im richtigen Ton, an die richtige Stelle adressieren. Diejenigen, die einst protestiert haben, die einst unterdrückt waren, hätten sich heute selbst im Apparat der Gerechtigkeit verwirklicht. Repräsentative Altrevoluzzerinnen in hohen Posten ersetzen die Revolution durch das Missverständnis, sie seien die vollbrachte oder noch andauernde Revolution. Die radikale Vergangenheit wird als Legitimation gebraucht, vor deren Hintergrund man den Radikalismus abschreiben könne. An die Stelle von Akteurinnen treten Zeitzeuginnen, Expertinnen und Beobachterinnen. Der politische Kampf wird in der Biografie, im persönlichen Erfolg gebannt. Angesichts der längst erreichten Ziele, die man mit der eigenen Zufriedenheit verwechselt, bräuchte es jetzt Einigkeit und Stabilität, um mit den Mitteln der Aufklärung und Pädagogik die vom Wege abgekommenen Schäfchen zurück an die Futterkrippe zu führen. Solidarität mit den revolutionären Zielen von einst wird umgeleitet in Solidarität mit dem Status quo. Kritikerinnen des parlamentarisch-demokratischen Apparats der Gerechtigkeit gelten als Feinde der Demokratie, Feinde des sozialen Fortschritts, Feinde *der* Freiheit, Feinde des Rechts.

Die Selbstverständlichkeit dieser Fortschrittsgeschichte, dieser Geschichte fortschreitender Ausweitung der Gerechtigkeit durch die Ausweitung des Stimmrechts, der parlamentarischen Demokratie und des marktwirtschaftlichen Überangebots, hat jedoch selbst eine Geschichte und ist produziert worden. Auch wenn wir meinen, von den staatlichen Sozialversorgungsstrukturen zu profitieren, heißt das nicht, dass wir uns durch sie mit dem Staat identifizieren müssen. Was hier staatliche Sozialleistungen genannt wird, hat seinen Produktionsbereich, wo geschwitzt und geblutet wurde, außerhalb des Staates und seiner Institutionen. Eine Vorstufe des Sozialstaates als Autonomie- und Gerechtigkeitssimulation kann man in Bismarcks »Behandlung« des Sozialistenproblems und der Konstruktion des Arbeitslohns überhaupt finden. »Mein Gedanke war, die arbeitenden Klassen zu gewinnen, oder soll ich sagen zu bestechen, den Staat als soziale Einrichtung anzusehen, die ihretwegen besteht und für ihr Wohl sorgen möchte.«[53]

An der Bismarck'schen Integrationskampagne sind mehrere Aspekte bemerkenswert. Die Sozialversicherung war bis dahin, wenn auch in weit geringerem Umfang, Teil der Gewerkschaftsorganisation, also Teil der Arbeiterinnenselbstverwaltung. Die Macht dieser Institutionen und ihrer klasseninternen solidarisierenden und selbstorganisierenden Wirkung wurde durch die Verstaatlichung gezielt bekämpft und das Identifikations- und Solidarisierungspotenzial auf den Nationalstaat umgelenkt – was später in die Kriegsbegeisterung und in der Zustimmung der SPD zu den Kriegskrediten im Ersten Weltkrieg münden sollte. Man kann nicht genug betonen, dass es sich beim Wohlfahrtsstaat nicht um eine naturgemäße Komponente der Architektur des Staates handelt, sondern um eine staatliche Reaktion auf den revolutionären Druck, mit dem die Arbeiterinnen die brutale Industrialisierung und Proletarisierung des 19. Jahrhunderts bekämpften. Ziel ist die Rettung der Privatwirtschaft und der Erhalt der staatlichen Ordnung. Die soziale Absicherung der Arbeiterinnen ist der Preis, den man dafür zu zahlen hat. Insofern die Arbeiterinnen diesen Preis letztendlich ohnehin selbst zahlen, handelt es sich vielmehr um einen Verwaltungskniff, um eine Optimierung der Strukturen bei gleichbleibenden Besitzverhältnissen. Dabei stellt sich das deutsche Sozialversicherungssystem nicht als Recht auf medizinische Grundversorgung dar, sondern als eine Pflicht zur Krankenversicherung, die als Disziplinierungsinstrument wirkt. Während die Illusion erzeugt wird, hier werde dem menschlichen Leben ein Eigenwert zugesprochen, wird verwaltungsmäßig weiterhin allein die Arbeitskraft gewertet und fügsame Lohnarbeit als Medium der Teilhabe am Gesellschaftsganzen beibehalten. Auch in der Kranken- und Rentenversicherungspflicht wird das Individuum als selbstverantwortliches zum Ansprechpartner des Staates, wenngleich es tatsächlich weder für den Arbeitsunfall noch für sein Altwerden die Verantwortung trägt.

Selbst das Recht der Presse-, Versammlungs- und Reisefreiheit, das die treue Staatsbürgerin meint, gegen die Kritikerinnen des Staates verteidigen zu müssen (»Sei doch froh, dass du hier im Gegensatz zu Diktatur XY wenigstens deine Meinung sagen darfst«), ist gegen die staatliche Gewalt und die Klasse der Stimmberechtigten errungen worden. Es sind diejenigen, die von den staatstragenden Organen, der Polizei, der bürgerlichen Presse, den Regierungen und Wirtschaftsgrößen als irrationale Horden, als Chaoten, als ideologisch Verblendete und Fundamentalistinnen disqualifiziert wurden, die den außerparlamentarischen, meistens wirtschaftlichen Druck der Straße erzeugt haben, der eine Wahlrechts- oder Sozialreform von staatlicher Seite unumgänglich machte. Die Sozialreformen als Geschenke des Staates zu präsentieren, statt als seinen krampfhaften Versuch, der eigenen Abschaffung und Überwältigung zu entgehen, verleiht der Idee, er habe damit das Recht, von den Ruhiggestellten für seine Gaben irgendwelche Gegenleistungen im Sinne des »Forderns und

Förderns« zu verlangen, scheinbar seine Legitimation. Von der Geschichte der Arbeiterinnenbewegung aus gesehen, sind es vielmehr der Staat und die staatliche Sicherung des Eigentums, die ihre Abschaffung schuldig bleiben. Sie haben von Beginn an keine Antwort auf die Frage geliefert, warum eine Person mit dem Recht geboren sein sollte, die anderen auszubeuten, warum ein Kind mittellos und als Sklavin der anderen geboren wird und ein anderes als Herr. Der Achtstundentag ist keine Großzügigkeit der Industrie, sondern ihre Rettung vor der Abschaffung des Arbeitstages und des Eigentums an Produktionsmitteln überhaupt. Wenn man sich zu Sozialleistungen und Freiheitsrechten verhält wie zu verdinglichten, von ihrer Produktionssphäre abgeschnittenen Waren, gerät diese Geschichte leicht aus dem Blick. Der Staat wird zur väterlichen Autorität, die an die braven Kinder Geschenke verteilt und über deren demokratisches Verhalten untereinander wacht. In diese Familienaufstellung gehören die Unternehmen als große Brüder und nette Onkels. Diese Entwicklung der Umdeutung und Umstrukturierung der Kämpfe zu staatlichen Gaben ist mit dem Namen *Daddyfikation* wesentlich genauer getroffen als mit dem Label »soziale Marktwirtschaft«, Demokratie oder Sozialstaat. MRX-Maschine will die Sozialleistungen nicht im Sinne neoliberaler Fantasie auf null senken, sondern sie so lange erhöhen, bis sie den Begriff des Eigentums überragen. Als Trostpreise für eine verratene Revolution können sie nie hoch genug sein. Der Kontext der individuellen Leistungsbezieherin verstellt ihren Sinn. Die Wohlfahrtskosten reichen noch lange nicht an den Preis heran, der dafür zu zahlen wäre, dass das Land und die Arbeit, die in Wohnhäusern, Maschinen, Fabrikgebäuden und auf Transportwegen zu Gütern geworden ist, der Gemeinschaft gestohlen wurden und gestohlen werden.

Die Reihe der Daddyfikatoren und Daddys ist lang, in Deutschland gehören Bismarck dazu, Ebert, Adenauer-Erhard, Kohl-Waigel, denen es gelang, eine revolutionäre Stimmung in die staatliche Gabe der D-Mark zu verwandeln, und schließlich Mother-Daddy Merkel-Schäuble, die uns vor den irrationalen und faulen Griechen beschützten und das Asylrecht als Großzügigkeit und Leihgabe des Staates interpretierten, die die Geflohenen mit anständigem Benehmen zurückzuzahlen hätten. Hat man den eigenen Staatsbürgerinnen den Staat erst einmal als väterlichen Wohltäter verkauft, ergibt sich die Aufgabe, andere Bevölkerungen mit der staatlichen Wohltat zu überschütten, ganz von selbst. Daddystaat und Nationalismus, Kulturpatriotismus des Abendlands oder westlicher »Verfassungspatriotismus« und neokoloniale Kriege werden in den Gutenachtgeschichten der Fernsehbildschirme zu Abenteuern, bei denen am Ende immer das Gute siegt. Daddy ist gut zu uns, wer sind wir, die wir den anderen diese Güte vorenthalten wollten. Das bringt die eine oder andere Feministin dann auch mal dazu, die Bombardierung Afghanistans als Daddys Durchsetzung der Frauenrechte zu feiern. Wenn eine Reihe von Theoretikerinnen, die gemeinhin unter dem Label postkolonialistisch zusammenfasst werden, diese Geschichte infrage stellen und als Bestandteil westlicher Herrschaftstechniken entlarven, sollte das auch an der inneren Peripherie dieses Westens den Glauben an den Übervater erschüttern. Die Geschichte von der »Bürde des weißen Mannes«, in der Welt und unter den Völkern Ordnung zu schaffen und Recht zu bringen, hat ihr innenpolitisches Korrelat an der Bürde des Daddy-Staatsmannes, der seine Kinder zur Ordnung ruft und gönnerhaft Sozialleistungen an jene verteilt, die Leistungs- und Integrationsbereitschaft zeigen. Gerade mit dem Appell an die Integrationsbereitschaft von Geflüchteten wird stillschweigend vorausgesetzt, dass der Rest von uns integriert und integrationsbereit wäre. Das Problem der Migrantinnen oder Kolonisierten ist nicht, dass sie nicht in die globalen Herrschaftsstrukturen und Eigentumsverteilungen integriert sind. Der Integrations- und Demokratisierungsdiskurs verdeckt, dass der bürgerliche Staat infolge der Kolonialmächte eine jahrhundertealte und gewalttätige Integrationsarbeit betreibt, deren Folgen dann wiederum als Mangel an Integration und Demokratisierung präsentiert werden. Das Rätsel in dieser Machtkonstellation sind nicht die anderen, sondern dass wir uns freiwillig in das WIR der Staats- und Wirtschaftsinteressen integrieren lassen. Leichter als sich diesem Enigma zu stellen, ist es da natürlich, die Frage zusammen mit *den Anderen* einfach abzuschieben oder mit Hilfs- und Disziplinarmaßnahmen zu bombardieren.

Die eindringlichste Beschreibung des proletarischen Daddy-fikations-problems hat Malcolm X in seiner Geschichte vom Haussklaven und vom Feldsklaven gegeben:

Die Haussklaven – sie lebten im Haus des Herrn, sie waren hübsch angezogen und aßen gut, denn sie aßen, was vom Teller des Herren übrigblieb. […]
Wenn im Haus des Herrn ein Brand ausbrach, kämpfte der Haussklave angestrengter darum, das Herrenhaus zu retten, als der Herr selbst. Wenn sein Herr krank wurde, fragte der Haussklave: »Sind *wir* etwa krank?« Sind WIR krank! Er identifiziert sich noch stärker mit seinem Herrn, als sein Herr sich mit sich selbst identifiziert.

Und wenn du zum Haussklaven gesagt hättest: »Komm, lass uns abhauen, lass uns fliehen, lass uns unser eigenes Ding machen«, dann hätte er dich angesehen und gesagt, »Bist du verrückt? Was meinst du damit – unser eigenes Ding machen? Wo gibt es ein besseres Haus als hier? Wo kann ich schönere Kleider tragen als diese? Wo gibt es besseres Essen als hier?« […]

Auf derselben Plantage gab es den Feldsklaven. […] Der Feldsklave wurde von morgens bis abends geschlagen. Er lebte in einem Bretterverschlag, in einer Hütte; er trug alte, abgetragene Kleider. Er hasste den Herrn. […] Der Feldsklave versuchte nicht das Feuer im Herrenhaus zu löschen. Er betete für Wind, für einen Luftzug. Wenn der Herr krank wurde, betete der Feldsklave, dass er sterben möge. Wenn jemand zu ihm auf's Feld kam und sagte, »Lass uns abhauen, lass uns unser eigenes Ding machen,« fragte er nicht einmal »Wohin?« Er sagte »Jeder Ort ist besser als das hier.«[54]

In einer späteren Rede aus dem Jahr 1965, gehalten in Selma, Alabama, greift Malcolm X die Funktion des Haussklaven wieder auf, diesmal allerdings mit dem Hinweis: »Wenn die Feldsklaven rebellierten, war er es, der sie wieder unter Kontrolle brachte und auf die Plantage zurückholte.« Die anderen Haussklavinnen waren Ehefrauen, die ihre Hausangestellten oder in philanthropischer Großzügigkeit proletarische Frauen disziplinierten. Die Methode des »Teile und herrsche« wird effektiver, sobald zwei Gruppen nicht nur gegeneinander ausgespielt, sondern in ein hierarchisches Verhältnis zueinander gesetzt werden. Insofern sollte die Konstruktion der Mittelschicht als »Arbeiteraristokratie« in ihrer Funktion als Machtsicherungsmaßnahme der besitzenden Klasse betrachtet werden. Es geht bei dieser Perspektive weniger um die Denunziation der anderen als darum, sich selbst in seiner Funktion als Instrument der kapitalistischen Ordnung zu verstehen. Nicht die eindimensionale Ausbeutung, sondern die Ausbeutung durch die Schaffung einer Hierarchie der Ausbeutung ist das entscheidende Charakteristikum des Kapitalismus. Von jeder Position innerhalb dieses kapitalistischen Systems aus lassen sich ein Oben und ein Unten ausmachen. Von hier aus stellt sich die Frage des eigenen Interesses und der Zweck-Mittel-Beziehung anders. Die Mittel, die einem der Staat, die »soziale Marktwirtschaft«, die Konsumkultur, die Arbeitgeberin in die Hand gibt, sind eben nicht einfach *Mittel* in unseren Händen, die die eigene Selbstverwirklichung ermöglichen, sondern sie sind Mittel, die einerseits unseren Standort er*mitteln* und uns andererseits als Mittel zum Erhalt der Ordnung rekrutieren. Wie wenn wir uns groß fühlen, wenn unsere

Eltern uns beauftragen, auf die kleineren Geschwister aufzupassen. Wir mögen die uns verliehene Autorität für unsere Macht halten, aber letztlich sind wir das Mittel, mit dem die elterliche Autorität den Raum in ihrer Abwesenheit ordnet. Es ist die Perspektive anti- und postkolonialer Denkerinnen, die diesen Zusammenhang in den Mittelpunkt rücken. Die Auseinandersetzung mit der »Gabe« europäischen Wissens und mit europäischen Formen der Wissenschaft sowie der christlichen Moral und der nationalen Staatsform hat die Konstellation Gift/Gabe/Lohn und Ausbeuterin/Ausgebeutete/Proletariat um eine entscheidende Dimension erweitert. Malcolm X' Erinnerung an die Beziehung Sklavenhalter/Haussklavin/Feldsklavin, Frantz Fanons Kritik des kolonisierten Intellektuellen und W. E. B. Du Bois' Benennung des »doppelten Bewusstseins«, des internalisierten Blicks des Unterdrückers, thematisieren eine Spaltung, die auch die Konstellation Kapital/Proletariat trifft.

Der jüngst verstorbene Historiker und Philosoph der Black Radical Tradition Cedric J. Robinson hat für dieses gesellschaftsspaltende Wesen des Kapitalismus den Ausdruck »Racial Capitalism« vorgeschlagen. Das Adjektiv »racial« wird nicht allein vor dem Hintergrund des transatlantischen Sklavenhandels eingeführt, um das wesentliche Element der kapitalistischen Herrschaftsform herauszustellen, sondern vor dem Hintergrund der gesamten Geschichte dessen, was gemeinhin als Abendland bezeichnet wird. Es ist bezeichnend, dass wir die treffendste Beschreibung der Mechanismen des europäischen Kapitalismus in einem Buch mit dem Titel *Black Marxism* und dem Untertitel »The Making of the Black Radical Tradition« finden. Erst durch die feministische und antirassistische, antikoloniale Erweiterung der Geschichte des Kapitalismus, wie Silvia Federici sie in *Caliban und die Hexe* unternommen hat und die Robinson im Zuge seiner Analyse des Rassismus-Kapitalismus erarbeitet, ist der Gegenstand, den Marx sich im *Kapital* vornimmt, wirklich getroffen. Die folgende Beschreibung findet sich bei Robinson:

> Der Kapitalismus löste in der europäischen Zivilisation also nicht die Tendenz aus zu homogenisieren, sondern zu differenzieren und regionale, subkulturelle und dialektische Unterschiede rassisch zu überhöhen. [...] Beginnend mit dem 12. Jahrhundert propagierten das Bürgertum und die Verwalter der staatlichen Macht Mythen des Egalitarismus, während sie jede Gelegenheit nutzten, die Völker zu spalten, um sie zu beherrschen.[55]

Robinson macht anhand einer Fülle von Beispielen deutlich, dass die Sklaverei und der Kolonialismus keine isolierten Probleme, keine Phasen und keine peripheren Phänomene des Kapitalismus sind, sondern sein Zentrum bilden. Innerhalb Europas gab es von Anfang an Bevölkerungsschichten, deren Unterordnung, Ausbeutung, Versklavung oder Verfolgung von ihrer vermeintlich wesenhaften Andersheit her begründet wurden. In diesem Zusammenhang wird auch die Datierung des Anfangs der kapitalistischen Gesellschaftsordnung problematisiert. Die Rede vom radikalen Bruch mit dem Feudalismus lässt sich nicht aufrechterhalten.[56] Wie später die afrikanischen Sklavinnen wurden schon im Mittelalter die Bauern als Abkömmlinge der biblischen Figur Ham klassifiziert. Hams Vergehen in der Bibel war, seinen Vater Noah nackt gesehen zu haben, woraufhin Noah Hams Sohn und dessen Nachkommenschaft zur Knechtschaft gegenüber den Abkömmlingen seiner Brüder Sem und Jafet verurteilte. Hams Abkömmlinge seien durch Noahs Fluch nicht nur auf ewig zur Sklaverei verdammt, sondern wären aufgrund einer quasierblichen Schuld oder Tendenz zur Verhöhnung/Nacktsicht des Vaters auch nicht zum tugendhaften Leben fähig.[57] Die Stellung der Ausgebeuteten wurde auf die göttliche beziehungsweise natürliche, abstammungsgemäße Ordnung zurückgeführt und damit ihre Unabänderlichkeit und ihre Gerechtigkeit festgeschrieben. Söhne Hams sind wie die Töchter Evas auf ewig Wesen, die aufgrund einer erblichen Verdorbenheit naturgemäß zu nichts anderem taugen können als zur Unterwerfung und Ausbeutung. Die Problematik lässt sich nicht auf die Bibel reduzieren, dennoch ist die Verbreitung des Diskurses biblischer Ausbeutungslegitimation ein Hinweis auf den unlöslichen Zusammenhang von Kapitalismus und Rassismus/Sexismus. Der Rückgriff auf den Ausspruch des Fluchs durch den Übervater Noah zeigt außerdem, dass die Zuschreibung biologischer, abstammungsmäßiger Merkmale (heute auch codiert als kulturelle, mentalitätsmäßige Zuschreibungen) eine Form der Beschwörung väterlicher, göttlicher, transzendentaler Autorität darstellt. Daddyfikation begleitet die Ausbreitung der Warenform als Praxis der Ordnung und Unterordnung.

Mit dem Hinweis auf die Beziehung Noah–Ham ist der Komplex aber noch nicht ausreichend beschrieben. Der Fluch funktioniert nur, insofern er Sem und Jafet einbezieht. Die Brüder müssen zur Einführung der Ausbeutungsbeziehung aus der Brüderlichkeit herausgelöst und als Vollstrecker im Namen des väterlichen Fluchs rekrutiert werden. Mit dieser Verschiebung der Loyalität/Solidarität kehrt das Phänomen des

Haussklaven, der proletarischen Spaltung, zurück. Die Geschichte, die in *Black Marxism* erzählt wird, enthält eine weitere historische Konstellation, die die Struktur des europäisch-kapitalistischen Herrschaftsbereichs kennzeichnet. Die Brüder (und Schwestern) werden in der Praxis der Daddyfikation nicht nur als Ausbeuterinnen eingesetzt, sondern auch als Polizei, Armee, als Ordnungskräfte. Marx beschreibt im Text *Der achtzehnte Brumaire des Louis Bonaparte* die Rekrutierung des Lumpenproletariats durch Louis Bonaparte und gegen die Revolution.

> Unter dem Vorwande, eine Wohltätigkeitsgesellschaft zu stiften, war das Pariser Lumpenproletariat in geheime Sektionen organisiert worden, jede Sektion von bonapartistischen Agenten geleitet, an der Spitze des Ganzen ein bonapartistischer General.[58]

In *Black Marxism* wird das Phänomen jedoch weiter zurückverfolgt:

> Die Taktik, Söldner und marginalisierte Bevölkerungsgruppen für die Armeen zu rekrutieren, lässt sich bis ins Mittelalter und weiter zurückverfolgen. Imperiale Armeen, republikanische Armeen, räuberische Armeen, einfallende Armeen und Verteidigungsarmeen, Armeen aufständischer

Sklaven, Armeen Adliger und selbst die Armeen der chauvinistischen mittelalterlichen Städte, sie alle forderten oder inkorporierten in gewissem Maße die Seelen derer, an deren Wohlergehen sie in ruhigeren Zeiten selten einen Gedanken verschwendeten.[59]

Durch die vorgängige Spaltung von Proletariat und Lumpenproletariat oder entlang irgendwelcher Rassen- oder Geschlechtergrenzen lässt sich der abgetrennte Teil dann wiederum mit dem Versprechen der Integration für die Disziplinierung der »eigenen« Untertanen instrumentalisieren. Oder in die biblische Konstellation übersetzt: Mit der Knechtschaft Hams und der damit verbundenen Erhöhung Sems und Jafets muss diese Geschichte nicht zu Ende sein. Sollten Sem und Jafet aus der Reihe tanzen, lässt sich Ham durch das Versprechen der Rücknahme des Fluches zwecks ihrer Disziplinierung rekrutieren. In *Black Marxism* wird die Söldnerschaft als Los der migrantischen Arbeiterinnen in den Vordergrund gerückt, und in Howard Zinns *A Peoples History of the United States* sind zahlreiche Beispiele der Rekrutierung von Migrantinnen als Söldner des Staates und des Kapitals versammelt. Als Streikbrecherinnen oder in Armee und Polizei werden die Ausgeschlossenen in den Herrschaftsapparat eingeschlossen. Auch Bob Marleys

»Buffalo Soldier« handelt von diesem Mechanismus. Der Text erinnert daran, dass die soeben befreiten Sklaven vom Staat sogleich als Kanonenfutter für den Kampf gegen die indigene Bevölkerung eingesetzt wurden. Auf der anderen Seite steht die Schicht verarmter weißer Landarbeiterinnen und Farmpächter, die von der Klasse der Plantagenbesitzer immer wieder durch rassistische Propaganda zur Niederhaltung der vermeintlich befreiten Sklavinnen instrumentalisiert wurden. Auch im Frauenwahlrecht sahen Spaltungsstrategen zuweilen ein Mittel, den Stimmenanteil schwarzer oder proletarischer Wählergruppen zu entwerten. In Deutschland wurde vor der Novemberrevolution in Kreisen der bürgerlichen Frauenbewegung auch der Vorschlag ernsthaft diskutiert, das Frauenwahlrecht unter der Beibehaltung des Dreiklassenwahlrechts zu fordern.

Die Hebelwirkung des Integrationsversprechens, durch das sich proletarische und lumpenproletarische Teile rekrutieren lassen, beruht auf der vorausgegangenen Enteignung und Ausbeutung. Die Effektivität der Daddyfikation folgt aus der Anerkennung des väterlichen Besitzes und Rechts durch die voneinander getrennte Bruder- und Schwesternschaft. Die erste Spaltung ist ursprüngliche Akkumulation – die Konzentration der familiär-gemeinschaftlichen Ressourcen in der Hand des Vaters. Daddyfikationskritik als Mechanismus von MRX-Maschine spricht also von der Verbindung von Kapitalismus, Patriarchat und Rassismus. Sie erzählt von einer Verwandtschaft, Geschwister- und Genossinnenschaft, die sich jenseits des väterlichen Rechts und des Marktgesetzes realisiert. Sie bestreikt die Arbeit und desertiert von der Schutzstaffel, die sich um die patriarchalen Schamkomplexe herum auftürmt. Unter diesem Gesichtspunkt vollzieht die Daddyfikationskritik eine Verbrüderung mit den nacktsichtigen Ham-Geschwistern anstelle der Rekrutierung durch Sold, Sozialleistungen und Stimmrecht im Namen der »sozialen Marktwirtschaft« und der väterlichen Verteilungsmacht.

Was gut ist, setzt sich durch![60]

Die Ham-Geschichte ist aus einem häretischen Zugriff auf den theologischen Diskurs entstanden. Als Bestandteil der bürgerlichen Ideologie ist die christliche Religion eines der Medien, in die MRX-Maschine eingreifen kann, um Kurzschlüsse zu provozieren und sie durch Sabotage gegen die Reproduktionsmaschinerie des Kapitalismus zu wenden.

Auf dem Feld der Theologie gibt es eine weitere Spur, die in das bürgerliche Bewusstsein führt. Max Weber hat mit seiner Analyse des Zusammenhangs zwischen Protestantismus und Kapitalismus an die Frage des Eigeninteresses, der kalkulatorischen Praxis und der bürgerlichen Subjektspaltung gerührt. Weber betont, dass, anders als gemeinhin vermutet, der Kapitalismus dem Protestantismus nicht deswegen besonders nahe ist, weil dieser eine Abkehr von katholischer Frömmigkeit und daher eine Öffnung gegenüber Gier oder Genusssucht darstellte, sondern gerade aufgrund seiner spezifischen Konzeption der Askese. Sowohl Marx als auch Weber zufolge sind Kapitalistinnen nicht von Hedonismus, Gier, Habsucht oder ähnlichen moralischen Verwerfungen getrieben. Das bedeutet, dass die psychologisierenden, kriminalisierenden oder moralisierenden Modelle, die die bürgerliche Ideologie zur Erklärung der Krisenerscheinungen des Kapitalismus anbietet, infrage gestellt werden müssen. Das Thema ist nicht damit erledigt, dass, wie Norbert Walter, bis 2009 Chefvolkswirt der Deutschen Bank, meinte,[61] viele der »Verantwortlichen« der Finanzkrise von 2008 in der Folge ihre Posten verloren hätten. Das Problem löst sich nicht mit der Vertreibung der Barbaren. Der Mensch »als bloße Fehlerquelle«, von der Georg Lukács spricht, findet innerhalb der bürgerlichen

Ideologie noch einmal umgekehrt Eingang: Crasht das System, wird als *Fehlerquelle bloß* der Mensch beziehungsweise sein tierisches Verhalten, nicht aber das unfehlbare Gesetz des Marktes ausgemacht. Wenn staatliche Regulierung vorgeschlagen wird, dann als therapeutische,[62] moralische oder pädagogische Maßnahme, die den Menschen mit Casino-Mentalität treffen soll, das »systemrelevante« Unternehmen und den freien Markt aber um jeden Preis erhalten muss. Dass die soeben geretteten Banken als Institutionen schon kurze Zeit nach der Krise wieder Gewinne verzeichnen, sei legitim, weil systemrelevant. Krisen werden »therapiert«, indem der gesunde Markt durch staatliche Regulierungen (verschrieben vom Ökonomen-Doktor) von menschlichen Krankheiten (Gier, »Casinomentalität« etc.) befreit wird. Die Kritik an einem System, das Banken als relevant und Menschen bzw. ganze Bevölkerungen als irrelevant bestimmt, wird von vornherein als undenkbar, geradezu irrational disqualifiziert.

Max Weber hingegen beschreibt sehr eindringlich, dass für die Durchsetzung des Kapitalismus sowohl unter den Arbeiterinnen als auch unter den Kapitaleigentümern eine Abkehr von Gier und Genusssucht, eine regelrechte Selbstaufgabe, eine »Hingabe an den ›Beruf‹ des Geldverdienens«[63] charakteristisch ist. Gier ist hier

Aldi — Brüche

schon deshalb ein fehlplatziertes Konzept, weil Geld und Finanzmarkt geradezu das Gegenteil, das Abstreifen der kreatürlichen Hülle repräsentieren. Weder der Kapitalismus noch seine Krisen können einfach als urmenschliches Egoismus-Problem begriffen werden. Gerade Gier und Genusssucht würden Kapitalistinnen davon abhalten, ihr Geld anzulegen, »arbeiten« zu lassen. Stattdessen würden sie sein Wachstumspotenzial durch hedonistischen Konsum vernichten. Finanzielles Wachstum besteht in der Unterordnung des eigenen Interesses unter die Gesetze des Marktes. Selbst wenn man bei einem Hochschnellen des Aktienkurses in Ekstase versetzt wird, handelt es sich um eine Ekstase über die Belohnung angesichts des Verzichts. Wahrscheinlich ist es nicht einmal Belohnung, sondern Anerkennung, Aufzeichnung, Wertschätzung des Verzichts. Es ist durchaus ernst zu nehmen, wenn Unternehmensführungen und Kapitaleigentümerinnen meinen, der Gesellschaft und ihren Angestellten einen Dienst zu erweisen, oder in den Regionen, in denen ihre Subunternehmen für menschenunwürdige Arbeitsbedingungen sorgen, Entwicklungshilfe zu leisten. Bei diesen Rationalisierungsversuchen handelt es sich nicht in erster Linie um Lügen, sondern um bürgerliche Ideologie, die von ihren Verfechterinnen geglaubt, verteidigt und widersprüchlichen Umständen um jeden Preis angepasst wird. Dieses Denken ist sehr präsent in der Form der Nächstenliebe, die sich in den Hartz-IV-Reformen, in der staatlichen Entwicklungshilfe, im Stiftungswesen, in der Pädagogik und den Praktiken international agierender Konzerne ausdrückt. Es ist geprägt vom Muster paternalistischer Überlegenheit, aus dem sich eine autoritäre Erziehungsaufgabe ableitet, die zwingend Härte erfordert. Man will den anderen ermöglichen, ihren Verzicht, ihre Leistung auch auf der Skala, auf dem Aktienmarkt zu verzeichnen. Man hilft den anderen, sich von ihrem kreatürlichen Elend in die göttliche Sphäre der Finanztransaktionen zu erheben. Hier findet sich der Nexus der weißen Frau und des Kindes, die vor sich selbst und dem *Anderen* beschützt werden müssen, von der Wirtschaftskrise, die vom Wirtschafts-Doktor therapiert werden müsse, von der Bürde des weißen Mannes, der die unzivilisierte Welt ans Licht der Vernunft führen müsse, von den Armen, die durch Sanktionen aus ihrer Faulheit aufgerüttelt werden müssen, und von den LGBTQIA*64-Abtrünnigen, die von ihren Verirrungen geheilt werden müssen. Es geht weniger um den Erfolg der anderen als darum, sie in die Sphäre, in der sich wirklicher Erfolg einzig abzeichnen könnte, zu integrieren. Dass sich all diese Schäfchen nach ihrer Erziehung idealerweise bereit zur Ausbeutung vor dem Fabriktor einfinden oder die nächste Generation von Arbeits- und Konsumwilligen produzieren, erscheint als erfreuliches Nebenprodukt höherer Berufung, Nächstenliebe und Vernunft. Dass diese »Hilfen« gut sind und ihren Gebern zur Ehre gereichen, erklärt sich nicht aus dem gesteigerten Wohlbefinden derjenigen, denen »geholfen« wurde, sondern aus der Herstellung der göttlichen, natürlichen oder »freien« marktwirtschaftlichen Ordnung. Ähnlich wie sich die preußische Tugend der Disziplin nicht am Wohlbefinden des einzelnen Soldaten, sondern an der siegreichen Nation beweist, zeigt sich die Güte der »Hilfen« oder des »Arbeitgebens« am allgemeinen wirtschaftlichen Wachstum, in der Statistik.

Die urteilende Instanz wurde anhand der rassistischen Selbstversicherungsfunktion des Krieges weiter oben bereits behandelt. Ins Theologische gewendet, könnte man das statistische Ergebnis, die kartografische Abzeichnung des Gebietsgewinns oder den steigenden Aktienkurs als Repräsentationen einer göttlichen Urteilsinstanz beschreiben. Die Abstraktion und Abtrennung vom konkreten Produktionsprozess, von der Unübersichtlichkeit des aktuellen Geschehens trifft sich mit dem Göttlichen im Abstoßen und Überwinden der sündhaften, kreatürlichen, körperlichen Dimension. Insofern im

Geld die Arbeit haltbar gemacht wird, entgeht der Mensch durch die Inwertsetzung der Arbeit außerdem der Verwesung. Verwesung und Kreatürliches hat hier mehrere Dimensionen. Einmal die Dimension des Verschwindens des Individuums im Tod, dann die seines Verschwindens in der Masse und seines Verschwindens im nicht verzeichneten Geschehen oder Moment als Gegensatz zur Geschichtsschreibung und biografischen Erinnerung. Die bürgerliche Ideologie ist in vielerlei Hinsicht ein großes Konstrukt zur Verdrängung dieser Schwundformen, gegen die das vermeintlich autonome Subjekt aufgerichtet wird. Der historische Materialismus ist, sofern er diese Fantasie vom haltbaren autonomen Subjekt bedroht, auch ein Angriff auf die bürgerliche Ideologie. Historischer Materialismus, aber auch psychoanalytische oder soziologische Erzählungen untergraben diese Autonomie durch die Fokussierung auf das historische, ökonomische, soziale oder psychische Geflecht. Autonomie hat ihre Entsprechung in der Warenform und Verdinglichung. Deswegen stellt die Trennungs- oder Spaltungsoperation des Kapitals immer ein Versprechen von Autonomie und Angebot zur Verdrängung der eigenen Abhängigkeit dar. Der Verlust der trennenden Instanz oder der Autonomie wird als Tod gefürchtet. Von der bürgerlichen Ideologie her ist MRX-Maschine suizidal.

Schwieriger Text

Als Figur vorgestellt wäre der Wert tatsächlich das ideale Subjekt, insofern er seine kreatürliche Form abwerfen kann. Daher verwundert es nicht, wenn im Protestantismus die moralische Wertung zu Gunsten dieses Wertsubjekts ausfällt. Weber zitiert Benjamin Franklin mit einem derartigen Urteil: »Wer ein Fünfschillingstück umbringt, mordet alles, was damit hätte produziert werden können, ganze Kolonnen von Pfund Sterling.«[65] Auch Marx beschreibt im *Kapital* diesen seltsamen Vorgang der übermenschlichen Lebendigkeit:

> In der Tat aber wird der Wert hier das Subjekt eines Prozesses. [...] Denn die Bewegung, worin er Mehrwert zusetzt, ist seine eigne Bewegung, seine Verwertung also Selbstverwertung. Er hat die okkulte Qualität erhalten, Wert zu setzen, weil er Wert ist. Er wirft lebendige Junge oder legt wenigstens goldne Eier.[66]

Das Ideal der Unsterblichkeit und Autonomie des bürgerlichen Subjekts drückt sich in Adornos Bekräftigung des Zitats des »amerikamüden« Ferdinand Kürnberger aus: »das Leben lebt nicht«.[67]

Ein Mechanismus der Verdrängung des Verschwindens in der Landschaft ist die Aufzeichnung. In den protestantischen Richtungen, die Weber untersucht, spielt die Aufzeichnung eine zentrale Rolle. Die Aufzeichnung produziert oder decodiert gewissermaßen erst den göttlichen Ratschluss. Das bedeutet, dass die Aufzeichnung von der aufzeichnenden Person distanziert werden muss. Ich kann nicht einfach schreiben, dass Gott mich liebt. Die Prädestinationslehre des Calvinismus, um die es Weber geht, ist ein Konstrukt, das sich auf eine widersprüchliche Situation aufbaut. Gott hat die Menschen aufgrund seiner unendlichen Weisheit und Allmacht in Auserwählte und Verdammte unterteilt. Die Qual besteht darin, dass man nicht wissen kann, wer auserwählt und wer auf ewig verdammt ist. Man kann nicht direkt etwas für sein Auserwähltsein tun, denn das würde bedeuten, dass nicht Gott einen auserwählt hätte, sondern man selbst Gott durch Taten zwingen wolle, einen auszuwählen. Gott hat immer schon entschieden. Daher der Begriff der Prädestination, des Vorbestimmten. Für Weber liegt in dieser persönlichen Heilsungewissheit das Grundproblem der calvinistischen Lehre. Das tiefe Misstrauen oder die Abscheu des Calvinismus gegenüber dem Kreatürlichen disqualifiziert den Menschen von vornherein als Akteur. Es ist schlicht anmaßend, durch menschlich motivierte Aktivität Einsicht in Gottes Ratschluss erlangen oder seiner Gnade teilhaftig zu werden zu wollen. Calvin selbst war vom eigenen Auserwähltsein überzeugt und machte diese Überzeugung zu einem Zeichen Gottes. Aber für seine Anhänger verkoppelte sich diese Gewissheit mit der fundamentalen Fehlbarkeit des Menschen zu einem widersprüchlichen Konstrukt. Mit der Bewältigung dieses Problems ist dann jede Lebenspraxis, die sich in der Nachfolge Calvins sieht, beschäftigt. Die Lösung lag in der Idee, Gott mache sich die Auserwählten zum Werkzeug. Das bedeutet, dass die Gnade Gottes nicht an der Handlung selbst ablesbar wird, denn dann könnte der Mensch Einfluss nehmen, indem er die richtigen Handlungen ausführt, sondern sie wird an den »objektiven Wirkungen«[68] der Handlungen ersichtlich. Zwei Momente zeichnen den Auserwählten aus: die eigene Gewissheit und die objektive Sichtbarkeit der Tatsache, dass man ein Werkzeug Gottes ist. Das bedeutet in der Praxis, dass man selbst zur Prüfstelle seines Werkzeugseins werden muss, um Gewissheit zu erlangen. In den Worten Webers:

So absolut ungeeignet also gute Werke sind, als Mittel zur Erlangung der Seligkeit zu dienen, […] so unentbehrlich sind sie als Zeichen der Erwählung. Sie sind technische Mittel, nicht die Seligkeit zu erkaufen, sondern: die Angst um die Seligkeit loszuwerden.[69]

Selbst Werkzeug Gottes zu werden, bedeutete nun, sein Leben methodisch und rational zu gestalten und diese Gestaltung zu prüfen, um gegebenenfalls den Wirkungsgrad des Werkzeugs zu optimieren. Mit dieser Form der »innerweltlichen Askese« liegt ein Konzept der Selbstverwirklichung vor, das nichts mit Selbstgenuss zu tun hat, sondern vielmehr mit Selbstkontrolle, Selbstoptimierung und Selbstgewissheit. Das Kriterium des Lebenserfolgs, des Auserwähltseins, bildet nicht das subjektive, als kreatürlich disqualifizierte Erleben, sondern das objektive, von Gott geschaffene Zeichen. Weber bezeichnet diese Forderung der Objektivität als »Bewährungsgedanken«. Von dem Problem der Bewährung aus rückt die Frage der Effektivität, der Methodik und Technik in den Vordergrund. Benjamin Franklin führt daher ein Tagebuch, in dem er seine Fortschritte verzeichnet, also Daten über sich erhebt und diese statistisch auswertet. Unmenschlichkeit, Objektivität, Abstraktion, Neutralität werden zum Zeichen des göttlichen Urteils oder vielmehr zur Sprache Gottes. Der interessante Punkt ist an der Stelle, dass die ganze Technik der Lebensführung auf das jenseitige Heilsversprechen ausgerichtet ist. Indem sie ihre Autorität von Gott bezieht, der für das jenseitige Heil verantwortlich ist, kann sie im eigenen Interesse oder im Interesse des eigenen jenseitigen

Heils verortet werden. Wenn also die Technik der methodischen Selbstkontrolle und -optimierung sowie die Autorität des objektiven Kriteriums gegenüber der unmittelbaren kreatürlichen Befriedigung in der heutigen Wirtschaftspraxis überlebt haben, in welcher Dimension verwirklicht sich dann, nach dem Verschwinden der jenseitigen Hoffnung, das Eigeninteresse? Die Glorifizierung des beruflichen Erfolgs, der statistisch messbaren Effektivität und des im Aktienkurs verzeichneten Verdienstes findet ihre Basis in verschiedenen ideologischen Konstruktionen, wie der Sicherung der Zukunft, der Rente oder der Zukunft der Kinder. Das widersprüchliche Verhältnis zum eigenen Auserwähltsein scheint sich aber in der Hauptsache einfach auf den Markt übertragen zu haben. Der Markterfolg gilt weiterhin als Zeichen einer Gnade von oben und Aufwertung der eigenen Person, ohne dass es einen Gott oder eine jenseitige Konsequenz bräuchte. Im Sinne der schon erwähnten Pascal'-schen Formel des »Knie nieder, bewege die Lippen zum Gebet und du wirst glauben« lässt sich annehmen, dass sich die Glorifizierung des Marktes und der Effizienz über die Praxis der Befolgung der Marktgesetze und des Rationalisierungsimperativs ihre Autorität reproduziert. Die Praxis der Selbstvergewisserung ist zu einer reinen Technik diesseitiger Effizienzsteigerung und

»Besserung« mutiert. Vielfach wird suggeriert, dass es dabei auch um das diesseitige Glück ginge. Aber die Technik der Askese und der Aufzeichnung kann statt des konkreten Glücks nur die Geltung des objektiven Maßstabs reproduzieren. Die zentrale Aufgabe scheint nach wie vor zu sein, »die Angst, um die Seligkeit loszuwerden«.

Der Widerspruch im Prädestinationsglauben, dass man Zeichen des Auserwähltseins produziert, die dadurch definiert sind, dass man sie nicht produzieren kann, scheint ein Quell unendlicher Produktivität zu sein. In ihm spiegelt sich das Problem des Werts, insofern man etwas produziert, das sein Produziertsein, seine konkreten Produktionsbedingungen, verbergen muss. Darin scheint der tiefere Sinn der Payback-Punkte zu liegen. Sofern Gott und sein Jenseits nicht mehr zur Vergabe der Prämien zur Verfügung stehen, muss der Schein eines diesseitigen Vorteils erzeugt werden. Vielfach scheint es aber bei den Prämien nicht um den Gegenstand selbst zu gehen, sondern um ihn als Zeichen der eigenen Sparbegabung oder Cleverness. Man hat das Gefühl, es gehe darum, die Illusion eines Strebens nach dem eigenen Vorteil, die Illusion eines autonomen Eigeninteresses durch das zwanghafte Festhalten an der Praxis des Rationalisierens und Sparens um jeden Preis aufrechtzuerhalten. Dazu ist die Existenz einer Auswahlinstanz zwingend notwendig, denn sonst müsste das eigene Interesse nicht mehr gegenüber den anderen abgegrenzt und verteidigt werden. Die zur Hierarchie des monetären und statistischen Werts umgedeutete Zahlenfolge scheint diese Funktion zu erfüllen. Sie ermöglicht es, das Gefühl des eigenen Hungers auf planetare Größenordnungen zu übertragen und das Marktgesetz zum Naturgesetz zu erheben. Bei der Aufrechterhaltung und andauernden Reproduktion der göttlichen Zeichen spielen die bildgebenden Verfahren eine entscheidend stabilisierende Rolle. Sie ermöglichen eine immer umfassendere Durchdringung der Alltagspraktiken mit dem Produktivitätsimperativ.

Wichtiger als die konkrete vom Calvinismus hergeleitete Ideologie des Auserwähltseins ist, dass die Praktiken und Techniken des Auserwähltseins bis heute wirken. Aus der Prädestinationslehre leitet sich ein Begriff der Hilfe und Pädagogik ab, der den anderen als Mittel zur Herstellung der gottgefälligen Ordnung begreift. Die direkte Hilfe gegenüber anderen um derentwillen ist damit gleichsam von vornherein als Beleidigung des göttlichen Ratschlusses ausgeschlossen. Die Hilfe ist ebenso wie die Missionierung nicht zum Wohle der anderen, sondern zum Wohle Gottes zu leisten. Die philanthropische Praxis der bürgerlichen Frauenbewegung im 19. Jahrhundert bewegt sich in dem Spannungsfeld zwischen der Linderung des Leidens und der Herstellung der Ordnung. Die Armen sollten vor allem auch zum Streben nach bürgerlichen Tugenden und Praktiken erzogen werden. Die Sanatorien, Armenhäuser und Schulen zeugen schon in ihrer Architektur von den objektiven ordnungspolitischen Maßstäben, an denen sich Hilfe zu messen hat. Die Praxis der Unterbringung und »Integration« folgt demselben Muster. Die Bevormundung ist dem Hilfebegriff eingeschrieben und wirkt heute im Bereich der globalen Philanthropie und Entwicklungshilfe fort – überall gilt es dabei objektiven Kriterien zu genügen. Dem subjektiven Empfinden der Patientinnen/Klientinnen haftet bis heute der Gestank des Kreatürlichen an, das als Kriterium der Bewährung von vornherein disqualifiziert ist. Im Grunde ist alle Hilfe eine Form der Bewährungshilfe. Weber weist in seiner Geschichte der Prädestination darauf hin, dass im Rahmen dieser Lehre die Hilfsbedürftige als Problem und Hassobjekt auftaucht.

> Denn diesem Gottesgnadentum der Erwählten und deshalb Heiligen war nicht nachsichtige Hilfsbereitschaft im Bewußtsein der eigenen Schwäche, sondern der Haß und die Verachtung

gegen ihn als einen Feind Gottes, der das Zeichen ewiger Verwerfung an sich trägt, adäquat.[70]

Insofern der persönliche Erfolg als Gütesiegel der Leistung der eigenen Person begriffen wird, kann die hilfsbedürftige Person nur als Gescheiterte, Leistungsunwillige auf die Bildfläche treten. Die Erscheinung einer unverschuldet in Armut geratenen Person stellt direkt Bewertung und Position der eigenen Person infrage. Sie rüttelt an der Legitimation des Maßstabs und des Leistungsprinzips. Als lebendiger Angriff muss die Abweichende in der ordnungsgemäß ablaufenden Arbeit als Rohstoff verarbeitet oder vernichtet werden. Die Gefahr wird auch in einer überproduktiven Verwaltungs- und Klassifikationsmanie gebannt. Gerade in der Psychologie scheint der Patient mehr und mehr zum Material klassifizierend ordnender Arbeit zu werden. Hilfe bedeutet letztlich, die Mitmenschen gemäß der ihnen *übergeholfenen* Ordnung zu bearbeiten, als deren Werkzeug die Helferinnen funktionieren.

Die Praxis innerhalb der kapitalistischen Ordnung der Welt macht Prädestinationsglaube gewissermaßen notwendig, effektiv und wirklich, ohne dass er explizit würde. Wir finden ihn wieder in der Pflicht zur Härte gegen die Anderen und in der Selbstkontrolle. In vielen Diskursen wird der Markt wie ein gerechter Gott behandelt, auf dem sich Praktiken und Techniken zu bewähren hätten. Der also diejenigen begünstigt und auszeichnet, die auserwählt sind. In dieser Logik wird der Andere zum Gegenstand, Instrument und Material der eigenen Rationalisierungsaufgabe und Kalkulation. Für diese Analyse ist die Untersuchung Webers nicht deswegen interessant, weil sie mit dem Protestantismus oder gar den Protestanten die Schuldigen des Kapitalismus ausgemacht hätte oder das Rätsel des historischen Ursprungs des Kapitalismus ein für alle Mal lösen würde, sondern weil sie einem metaphysischen, irrationalen Mechanismus auf die Spur kommt, der hinter der kapitalistischen Rationalisierung herumspukt. Sie bohrt ein Loch in den marktwirtschaftlichen Rationalitätsanspruch, durch das einem der abwesende Gott zuzwinkert. Die Selektionsaufgabe Gottes wird an den Markt delegiert, bleibt dabei illusionär und wird aber dennoch praktisch verwirklicht und reproduziert. Die paternalistische Gewissheit, das Vertrauen auf die Zahlen als Sprache Gottes, die pflichtbewusste Härte gegen den Menschen im Dienst der Pflichterfüllung gegenüber der höheren Ordnung, überall spukt der vermeintlich gemordete Gottvater herum.

Die Betrachtung der Prädestinationslehre entschlüsselt auch die fundamentale Angst und Ohnmacht, die den um sein Auserwähltsein bangenden befällt und die er umso aktiver durch Mehrung der Erfolgszeichen bannen muss. Kapitalvermehrung fungiert nicht als Befriedigung einer Lust, sondern als Verscheuchung der Angst, die der Prozess kapitalistischer Verwertung selbst erzeugt. Bürgerliche Ideologie ist ein sehr eigentümlicher Versuch, das Ringen mit der eigenen Austauschbarkeit[71] auszuschalten. In dieser Logik wird jeder Angriff auf die Mechanismen des Marktes, indem sie z. B. als Resultat von Ausbeutung, Privilegien oder Ausgrenzung gedeutet werden, zum substanziellen Angriff auf die Werte, auf deren Grundlage die eigene Identität errichtet ist und die Angst gebannt wird. Die Gleichheit im praktisch gelebten Glauben an die höheren Werte tritt an die Stelle der Gemeinschaft. Das soziale Band zwischen den verschiedenen Individuen ist obsolet angesichts der übermenschlichen Rationalität, der es zu gehorchen und nachzueifern gilt und die eine gesellschaftliche Ordnung anhand der jeweiligen Punktestände vermittelt.

Wenn MRX-Maschine bürgerliche Ideologie als Angstproduktion und Angstvermeidung begreift, dann spürt sie eine Fragilität, ein Paradox im Gedankengebäude auf, das die Praxis des Kapitalismus stützt und von diesem gestützt wird. Denn die bürgerliche Gesellschaft antwortet auf innere Widersprüche gerne mit gesteigerter Produktivität. Und gerade diese gesteigerte Produktivität verstärkt im Verbund mit dem Glauben an die Unfehlbarkeit des Kapitalismus den Eindruck seines reibungslosen Funktionierens.

Die Arbeit als Dienst am Wirtschaftswachstum oder am Ruhm irgendeines Gottes und die damit verbundene Hoffnung, zu den Auserwählten zu gehören, ist nicht in erster Linie als boshafter Akt gegenüber den Kolleginnen und als Motor von Ausbeutungsbeziehungen zu charakterisieren, sondern vor allem als sinnlos. Man muss sich die beängstigende Frage stellen, ob es nicht etwas Besseres, Befriedigenderes oder gar Schöneres zu tun gäbe. Es wäre der Versuch, sich von Werten zu lösen, die ihre Autorität in der *Absehung vom Kreatürlichen* behaupten. Was als bürgerliche Tugend der Objektivität daherkommt, entblößt sich vor den nacktsichtigen Ham-Geschwistern als Setzung eines vermeintlich Höheren/Heiligen *ex nihilo* oder *ex machina*, als das verbissene Klammern an die phallische Ordnung des Wachstums, als die panische Flucht vor dem »Wurmgefühl«. Unter diesem Gesichtspunkt wird auch der Szientismus als privilegierter Weg in den Atheismus fragwürdig. In der Reproduktion der Prädestinationspraxis ist die seltsam widerspruchsvolle Dynamik von Egoismus und Selbstaufgabe für den höheren Richter angesprochen, die Horkheimer und Adorno in der *Dia-*

lektik der Aufklärung als widersprüchliche Denk-
bewegung der Aufklärung beschreiben: eine
Selbstaufgabe/Selbstbeschränkung zugunsten
der vermeintlichen Freiheit/Autonomie des Subjekts. Auch auf die Gefahr hin, die Leserin zu
strapazieren, muss der MRX-Maschine-Impuls
hier trotzdem einsetzen und erneut auf die Parallele zur Warenform hinweisen. Das Arbeitsprodukt wird eben nur *autonom/haltbar*, indem
es von den konkreten Produktionsbedingungen
abgetrennt wird. Diese Trennung von der Ein-
flusssphäre der Arbeiterin aber bedeutet Unterwerfung unter das Wertgesetz und damit die
Verstrickung in die Dynamik der eigenen Austauschbarkeit.

Die Praxis der Prädestination ist ein Konzept,
das mit der Idee des Unbewussten korrespondiert. Es ist ein Unbewusstes im Sinne des
Marx'schen Warenfetischs: »Sie wissen das nicht,
aber sie tun es.« Oder kaufe ein H&M-Shirt für
5 Euro und handle, als wärst du auserwählt, gegenüber der Zwölfjährigen, die gerechterweise
dazu verdammt ist, für weniger als 2 Euro am
Tag zu arbeiten. Die Crux liegt gerade darin, das
Problem nicht mit persönlicher Schuld, sondern
mit den unbewussten Gesetzmäßigkeiten des
gesellschaftlichen Gewohnheits- oder Praxis-
Ideologie-Verbunds in Verbindung zu bringen.
Unbewusstsein meint an dieser Stelle also die un-

eingestandene Widersprüchlichkeit kollektiver Praxis. Nach wie vor gilt: »Die Forderung, die Illusionen über seinen Zustand aufzugeben, ist die *Forderung, einen Zustand aufzugeben, der der Illusionen bedarf.*«[72]

>>>KLICK HERE_FOR special DATe w/ THiS DIRTY SEXY FUCK$_{up}$-MASHI$_{ne}$>>>

Fucking up

You serve the man
drinks and dinner
then sit on his lap
and ask for a revolution –
just a little one
for being such a nice girl.

Jean Tepperman,
Going Through Changes

Valerie Solanas, die Autorin des SCUM-Manifests, lässt sich als nacktsichtige Ham-Schwester um unordentliche Mithilfe bitten, wo es um strategische Fragen geht. Wenn man über die oberflächliche Lesart hinausgeht, der gemäß ihr Programm zur Abschlachtung von Männern aufruft, handelt es sich bei ihrem Gang durch die Weltordnung vielmehr um eine drehwurmerzeugende Verkehrung männlicher Masken in weibliche, die sich wiederum männlich geben, was aber eigentlich weiblich ist. Das SCUM-Manifest wurde vom Verleger gegen ihren Willen als *SCUM – Society For Cutting Up Men* übersetzt, um den Verkaufs- und Skandalwert zu erhöhen. Ihre Analyse kommt zu dem Schluss, dass die gesamte fehlgeschlagene Zivilisation ein Resultat des männlichen Begehrens ist, Frau zu sein. Die Art des Frauseins, um das es in der SCUM-Revolution geht, ist aber gerade nicht mehr, *Frau* zu sein, sondern *SCUM* zu sein. Wahres Mannsein ist Frausein, wahres Frausein ist SCUM-Sein, könnte man verkürzend sagen. MRX-Maschine will das SCUM-Manifest nicht von seiner Perversion abschneiden. Sie ist nicht die Textpolizei und nicht die Textpsychiaterin. Es ist nicht ihre Aufgabe, SCUM-Lumpenproletariat abzusondern. Aber MRX-Maschine und SCUM kennen sich aus der Zukunft, wenn

das Geld-Arbeit-System nicht mehr existiert und die vollkommene Automation eingeführt ist oder […] so viele Frauen mit SCUM zusammenarbeiten, daß es unnötig sein wird, unsere Ziele mit Gewalt zu verfolgen, d. h. […] genügend Frauen entweder *nicht* arbeiten [orig. UNWORK, L. M.] oder ihre Jobs aufgeben, […] anfangen zu klauen und zu plündern, […] ihre Männer verlassen und sich weigern all den Gesetzen, die einer zivilisierten Gesellschaft unwürdig sind zu gehorchen.[73]

Die Hervorhebung und das Heranzoomen von UNWORK kommen aus der MRX-Maschine-

Programmatik. Für die MRX-Maschine-Prol-Mutation ist der bedeutendste Verbindungspunkt, die Achse, um die sich die ganze Bewegung dreht, die Strategie der *Fuck-Up*-Force/*Unwork*-Force: Um die Weltherrschaft zu übernehmen, sind Frauen im SCUM-Manifest aufgerufen, in alle möglichen Berufszweige einzudringen. Nicht im Sinne einer Quote, gleicher Bezahlung oder sonstiger Gleichberechtigungsfantasien, sondern um das reibungslose Funktionieren der herrschenden Ordnung *abzufucken*. Abfucken in diesem Kontext bedeutet, Dinge nicht sachgerecht, Vorgänge nicht fachgerecht zu behandeln, der Aufgabe nicht gerecht zu werden und mehr:

SCUM wird Teil der UNWORK FORCE, der FUCK-UP FORCE sein, sie werden die verschiedensten Jobs annehmen und *nicht* arbeiten [UNWORK]. Zum Beispiel werden SCUM-Verkäuferinnen kein Geld für die Ware nehmen; SCUM-Telefonistinnen werden keine Gebühren berechnen; SCUM-Büro- und Fabrikarbeiterinnen werden, außer daß sie ihre Arbeit ABFUCKEN, Heimlich die Betriebseinrichtung zerstören. SCUM wird auf jedem Job so lange *nicht* arbeiten [UNWORK], bis man sie hinauswirft, und dann einen neuen Job suchen, um auch dort *nicht* zu arbeiten [UNWORK].[74]

Das ist ein anderes Modell als das der Vereinbarkeit von Karriere und Familie oder von Feminismus und Kapitalismus. FUCK-UP FORCE ist doppeldeutig oder wird von MRX-Maschine doppelt gesehen. Es ist gleichzeitig das Abfucken von *Force*/Kraft und selbst *Force*/Kraft, die abfuckt. Es geht an den Kategorien von Gleichheit und Gerechtigkeit vorbei, die im Namen der Abweichung vom weißen, männlichen, heterosexuellen Subjekt eine umso stärkere Assimilation an die herrschenden Strukturen einfordern. Es ist Desidentifikation statt Daddyfikation.

Wieder stellt sich ein Bezug zu Georg Lukács' Beschreibung des modernen Menschen her, der in der Folge der vom Kapitalismus vorangetriebenen Mechanisierung, Monotonie, Fragmentierung und Rationalisierung des Arbeitsprozesses zur »bloßen Fehlerquelle«[75] reduziert wird. Am menschlichen Problematischwerden und Abfucken müssen Arbeiterinnen jedoch nicht, wie bei Lukács, leiden, sondern sie können es zur Waffe umfunktionieren. Das Fehlerquellesein aus Versehen wird in den Taktiken des Streiks, der Meuterei, des Desertierens, des Schwänzens und der Sabotage bewusst betrieben. Scum/Abschaum verschwistert sich mit dem Proletariat weder im Heroismus noch im Opfertum. Die Frontlinie verläuft weniger zwischen Unterdrückern und Unterdrückten als zwischen Kollaboration und Widerstand. Sie ist angesiedelt im Zwischenraum von Adornos »Wahr ist nur, was nicht in diese Welt paßt« und dem »Macht kaputt, was euch kaputt macht« von Ton Steine Scherben.

Fucking-Up scheint wesentlich vielversprechender zu sein als das vom Verleger-Ausbeuter vorgeschlagene Cutting-Up. Aber so schnell sollte das Cutting-Up nicht verworfen werden. In der Fehlleistung des Feindes lässt sich durchaus ein proletarisch-solidarischer Splitter erkennen. Performances des Mann- oder Frauseins abzufucken, als Fehlerquelle aktiv zu werden, stehen dem Cutting-Up als Technik des Cut Ups, die sich im Dada oder bei William S. Burroughs wiederfindet, näher als Cutting-Up im Sinne des Abschlachtens. Das Cutting-Up von Männern/Männlichkeit lässt sich durchaus als Strategie beibehalten, insofern es um die Materialbeschaffung für Geschlechtercollagen geht. Aus den Schnipseln entsteht Remix, Improvisation, Reparatur – Queerness. Männlichkeit eher als Palast denn als essenzielle Eigenschaft von männlich klassifizierten Menschen kann geplündert, zerstört, besetzt, getaggt, umgenutzt und entweiht werden. In dem Moment, in dem sich all jene Zugang verschaffen, denen er vorher verwehrt war, verliert er seine Funktion als Herrschaftssitz. Mit dem abgefuckten Cut-up-Mann verliert das Gegenstück – Ehefrau, Mutter, Prostituierte – seine Funktion.

Ohne den männlichen Blick, auf dessen Bildfläche sich der Erfolg des Frauseins abzeichnet, hat der weibliche Körper keinen Arbeitsplatz mehr. Scum, das Schreckgespenst der Flinten- und Fischweiber, zieht durch die Paläste – sie *abfuckend*. Diese sich immer wieder neu formierende Angst vor den *abgefuckten* (weil nicht echten, Weiblichkeitsnormen repräsentierenden) Frauen, die die ganze Sache (selbst die der Revolution) *abfucken*, zieht sich durchs kapitalistische Zeitalter, von der Inquisition über die Französische Revolution und die Novemberrevolution bis hin zu den 68ern. Die Angst, dass die Fuck-Ups die Sache des Proletariats oder des Staates, der Institution, der Partei bedrohen, hat ihre Schranke nicht am Geschlecht. Sie taucht auf, wo es um die Konsolidierung und Verstetigung von Macht und Privilegien, um Eigentum und Kapital, um Daddyfikationstendenzen geht. Die Frauenbewegung hat ihre eigenen Gespenster: Lesben, schwarze Frauen, Transfrauen, Arbeiterinnen, Prostituierte, Migrantinnen und andere. Fucking-Up ist eine Reaktion auf eine widersprüchliche Situation, auf das Daddyfikation-Double-Bind: Hier hast du eine Stimme, aber widersprich nicht.

Feminismus als verbindliche Währung der Weiblichkeit ist denselben Aporien ausgesetzt wie der Warenverkehr. Weiblichkeit wird als etwas Drittes, als vermeintlich gleiches Interesse oder Wesen gesetzt, dessen Emanzipation frau nicht abzufucken hat. Inwiefern kann die prekär beschäftigte Putzfrau mit prekärem Aufenthaltsstatus aber dasselbe meinen wie ihre Arbeitgeberin, wenn es heißt »Gleicher Lohn für gleiche Arbeit«? Daddyfizierte Weiblichkeit ist eine Form der Vergesellschaftung, die eher spaltet als verbindet.

Ware werden

Die Cut-Up- und Fuck-Up-Strategien haben als Gegenüber die Unerreichbarkeit oder nicht erreichbare Vollständigkeit/Erfüllbarkeit der Ideale der Zweigeschlechtlichkeit. Heteronormativität wirkt deswegen so dynamisierend für das Kapital, weil die Normen unerreichbar sind und die Abweichung permanent durch Konsum überdeckt, verkleinert, beackert, gesühnt und bezahlt werden muss. Würde das manische Zurichten der Körper entlang den Normen der Zweigeschlechtlichkeit aufhören, käme es nicht nur zum Zusammenbruch der Industriezweige, die eine Angleichung und Verkleidung der Körper versprechen, wie Make-up, Fitness, Schönheitsoperationen, Beautyberatung, Bekleidung, Diäten und so weiter, sondern auch der Industriezweige, die vermeintliche Abweichungen kompensieren: Technik, Unterhaltung, Pornografie, Autos, Motorräder, Waffen und viele andere. Fast der gesamte Markt kann von dieser Spaltung aus beschrieben werden, die zwischen dem vermeintlich individuellen fehlerhaften Körper und der perfekten Norm konstruiert wird. Die Norm wird dabei von keinem realen Körper gebildet, sondern von einem Bildbearbeitungsprodukt, einem Ding, einer Ware, deren Haltbarkeit und Festigkeit unerreichbar ist. Die Trennung von Kreatürlichem und göttlichem Gesetz, das sich im technisch erzeugten Bild ausdrückt, setzt sich fort. Oder bedienen wir uns einer anderen Übertragung: Das Proletariat soll das abgespaltene Lumpenproletariat, den unförmigen Körper in Form hämmern und zur Ordnung rufen. In dieser Spalte zwischen einzigartigem konkretem Körper und unerreichbarer Norm sitzt das Kapital und sammelt den Großteil der gesellschaftlichen Reichtümer ein, umso mehr, da ihre Überbrückung stellvertretend für die Überwindung von Klassen-, Rassen- und Geschlechterzugehörigkeit steht. Der Traum vom Supermodel oder vom Profifußballer ist der Traum, sich freizukaufen und freizuarbeiten und sich durch die Anpassung an den meist männlichen Blick daddyfizieren zu können. Dabei ist es nicht unbedingt wesentlich, ob der Idealkörper als Muskelpaket, unterernährt, bio-gesund, weiß, hell, dunkel oder solariengebräunt, »natürlich« oder riesenbusig dargestellt wird, wichtig ist, dass eine Spaltung zum Selbstbild entsteht und eine warenförmige Überbrückungsfantasie angeboten wird. Der Blick soll nicht aus dem konkreten Auge und der konkreten Lust eines Gegenübers kommen, sondern durch das offizielle Bild, die anerkannte Norm vermittelt werden. Tinder ist an der Stelle als interaktives Bewertungsinstrument interessant. Es lädt dazu ein, sich statistisch, ordnend, wertend und kalkulierend auf den eigenen Körper und auf den der anderen zu beziehen. Hier taucht auch das Einlochen und Sortieren im Sinne der Lochkarte wieder auf. Damit Kapitalismus funktioniert, muss der Mangel, der ausgebeutet wird, miterzeugt und abgebildet werden. Im Grunde ist das eine Modifikation dessen, was bei Marx ursprüngliche Akkumulation heißt. Wenn das Land, das eine Bauerngemeinde bisher gemeinsam bewirtschaftet hat, privatisiert wird, sind die Leute durch den so erzeugten Mangel gezwungen, als Lohnarbeiterinnen für ihren Lebensunterhalt zu sorgen. Wenn die Beziehung zum eigenen Körper und zu dem der anderen enteignet und als Norm vergesellschaftet wird, sind die Leute gezwungen, als Konsumentinnen und Körperarbeiterinnen in den Dienst der schönen Bilder und mechanisierten Matchmaker einzutreten. Zwischenmenschliche Intimität wird in Warenform vergesellschaftet und in eine Kette aufeinanderfolgender Waren aufgelöst. Frauenzeitschrift, Fitness-App, Kleid, Push-up, Makeup, Cocktail 1, Cocktail 2, Cocktail 3, Taxi, Kondom, Waxing, Smartphone-Flatrate, Kinofilm, Ausflug, Wochenendtrip, Merci, Blumenstrauß, Geschenk 1–3, Paarurlaub, Verlobungsring, Wedding-Planner usw. bis hin zum Hightech-Kinderwagen. Eine der wichtigsten Operationen ist dabei, eine Skala der Vergleichbarkeit zu schaffen, auf der man durch Arbeit und vor allem durch in Konsum umgesetzte Arbeit hoch- oder runterrutschen kann. Man kann sich anhand und auf der Skala verwirklichen. Die Schönsten werden von den Schönen geschieden, die Akzeptablen von den Hässlichen. Um diese Skalen im Bewusstsein der Masse der Individuen zu verankern, ist erhebliche Erziehungsarbeit zu leisten. Puppen, Kinderfilme, Computerspiele, Stars, Werbeplakate, Jugendzeitschriften, Frauenzeitschriften, Männerzeitschriften, Ratgeber spielen eine wichtige Rolle, aber überall arbeiten die Körperarbeiterinnen fleißig daran mit, ihre Kinder, Partnerinnen, Freundinnen usw. zur Arbeit am mangelhaften Körper zu erziehen. Die Arbeit am eigenen Körper kann nur sinnvoll erscheinen, solange die Idealformen nicht von den Umstehenden angezweifelt werden. Die Fernsehformate, in denen das *Judging*, das Bewerten irgendwelcher Teilnehmerinnen, den wesentlichen Inhalt ausmacht und die ihre Zuschauerinnen dazu einladen, zu Hause *interaktiv* mitzubewerten, fungieren als Erziehungsprogramme. Zuschauerinnen lernen die »professionelle«, d. h. daddyfizierte Bewertung ihrer selbst und ihres Umfelds. Das Zusammentreffen mit anderen erschöpft sich darin, dass man sich gegenseitig wohlmeinende Verbesserungsvorschläge macht – eine Dauerwerbesendung für die neuesten Produkte und Methoden. Die Verbesserungspotenziale sind in jedem Lebensbereich und für alle gesellschaftlichen Schichten vorhanden. Man kann seine Silhouette mit dem Formschlüpfer bearbeiten, gesündere Gerichte zubereiten, fairer oder billiger einkaufen, an seiner Vortragstechnik feilen oder lernen, seine Geschäftspartnerinnen zu dominieren. Jeder wird zum Coach nicht nur seiner selbst, sondern auch seiner Mitmenschen, zum Zuhälter der anderen, die sich mit diesen fünf einfachen Tricks noch besser verkaufen könnten. Die gegenseitige Hilfe bei der Verwirklichung der göttlichen/marktgemäßen Ordnung ist, als freundschaftliche Philanthropie, Bewährungshilfe und gegenseitige Rekrutierung. Sosehr sich die Bilder auch auszudifferenzieren beginnen, die Botschaft, dass der unbearbeitete Körper mangelhaft bleibt, besteht fort. Mit dem Ideal der romantischen Liebe, der Partnerinnen und Partner, die dem eigenen Leben und der eigenen Identität erst Sinn verleihen, und der Idee einer hetero- oder homosexuellen Sexualität, die potenziell jeden Menschen des begehrten Geschlechts begehrbar macht, wird der eigene Körper und der eigene Charakter in eine permanente Konkurrenzsituation zu allen anderen Körpern des eigenen Geschlechts versetzt. Die Idee von der großen Liebe, genauso wie die Idee vom erfüllten ungebundenen Sex, reizt dauerhaft zur Arbeit am Selbst, das sich auf dem Markt, auf dem potenziell alle gegen alle austauschbar sind, behaupten muss. Um für die anderen liebens*wert* oder begehrens*wert* zu sein, ist nicht allein der Körper gefragt. Es geht darum, einen Allround-Service anzubieten. Aufregende Hobbys gehören genauso dazu wie Erfolg im Beruf, soziale Kompetenz und eine gesunde oder auf besonders interessante Weise geschundene Psyche. Für alle Bereiche stehen Schablonen der höheren Ordnung und Methoden und Techniken zur Anpassung bereit. Aber auch hier kauft man mit der Autonomie, mit der Verfügung über die anderen, das Problem der Austauschbarkeit mit ein. Das Gegenüber wird mehr und mehr zum angstbesetzten Gegner, den es mittels trickreicher und gekonnter Manöver, Techniken und Methoden zu bezwingen gilt. Die gesunde Beziehung, der One-Night-Stand, selbst die gelungene Freundschaft sind Felder der kalkulatorischen Überlegungen und des Erfahrungsabgleichs. Gerade wegen der allgegenwärtigen Forderung, glücklich zu sein, muss ständig überprüft werden, ob man so glücklich wie möglich ist. Jeder Artikel über gelungene Beziehungen, jeder Liebesfilm, jedes Werbeplakat, auf dem ein lachendes Paar erscheint, lädt zur Selbstbefragung ein. Ist es das jetzt? Natürlich nicht! Das Potenzial für Arbeit und Konsum ist nach oben hin offen. Mehr geht immer! Die Skalen haben keinen Endpunkt. Als Waren unter anderen Waren konkurrieren wir auf dem Beziehungsmarkt theoretisch so lange, bis wir den Markt monopolisiert haben. Die Grenzen unseres persönlichen Wachstums sind die Anderen, die wir widersprüchlicherweise als Konkurrenten ausschalten, aber als Konsumenten befriedigen müssen. Gegen diesen Widerspruch wird die Zweigeschlechtlichkeit eingesetzt. Die Mitglieder des eigenen Geschlechts werden zu Konkurrenten, die des anderen zu Konsumenten. Das Beziehungsideal, das uns von der Beurteilungsunterhaltungsindustrie vorgelebt wird, ist das der Vorarbeiterin, Polizistin, Erzieherin. Man kontrolliert die Arbeit der anderen, seiner Partnerin, seiner Kinder, seiner Freundinnen usw. Sie müssen gut genug sein, die eigene Position nicht zu gefährden, aber als Urteilsinstanz, als Beraterin und Coach bleibt man selbst immer in der höheren Position. Die anderen sind Werkzeuge. Man identifiziert sich nicht mit den Teilnehmerinnen am Wettbewerb, sondern mit der Jury. All die Kränkung, die der bewertete Körper, die bewertete Stimme, die bewertete Performance, die duellierende Politikerin erfährt, übersetzt sich für die Zuschauerinnen in die Macht derjenigen, die die Regeln kennen und das Urteil fällen. Uns wird das Angebot gemacht, dem Selektionsdruck zu entgehen, indem wir uns selbst zu den Selektionsbeauftragten aufschwingen. Mit jedem Like, das wir vergeben, mit jeder Evaluation, mit jeder Kundenbewertung, mit jeder konstruktiven Kritik, mit jedem Tinder-Wisch wenden wir die Situation ab, in der wir selbst ins Visier geraten. Gleichzeitig verankern sich aber über die Praxis des Bewertens die herrschenden Maßstäbe umso tiefer in unserem Denken und muss der Blick umso dringlicher von uns abgelenkt werden.

Die Angst vor der Anderen als Konkurrentin und bewertende Konsumentin auf dem Arbeits- und Liebesmarkt kann zu gesteigerter Anpassungsarbeit anreizen, in Selektionsarbeit umschlagen oder sich im Fetisch einer durch Geld, Konsum und Arbeit vermittelten Autonomie gegenüber allen anderen äußern. Von dieser bedrohlichen Masse, die einen jeden Moment ins Visier nehmen oder ausschalten könnte, gilt es sich freizuarbeiten oder freizukaufen. Die Outdoor-Ausrüstung, das Heimkino, der gepanzerte und betankte Fluchtwagen, das Sparguthaben, der Drohnen-Lieferservice, die Pornosammlung – man ist auf niemanden angewiesen, außer auf das Equipment, das immer professioneller, immer weniger anfällig für Fehler oder Materialerschöpfung werden muss, um immer vollständiger den bürgerlichen Traum von der Robinsonade, von der totalen geldgleichen Autonomie zu verwirklichen. Denn die anderen bleiben, auch wenn sie sich wie Waren feilbieten, doch bei Nahkontakt beängstigend unbeständig. Sie stimmen nie ganz mit dem angepriesenen Produkt überein, und in der Praxis zeigt sich, dass sich der Umtausch und die Entsorgung von Menschen weit schwieriger gestalten als die von anderen Waren.

Reproduktion und Weiblichkeit

Daddyfikation hat nicht nur Ham, sondern auch seine Schwestern zur Knechtschaft verurtcilt. Eva, auch eine nacktsichtige, wurde in der Bewegung der göttlichen Privatisierung nicht nur aus dem Paradies vertrieben, sondern auch in die Knechtschaft eines Adams beordert, der seinen

Frust über das verlorene Paradies – sanktioniert durch das (göttliche/bürgerliche/eigentumsmäßige) Recht – jetzt an ihr auslassen darf. Menschen, die zu Frauen erzogen werden, trifft der Markt immer noch anders. So stellt sich das Problem der Frau und der ursprünglichen Akkumulation aus der Perspektive einer häretischen Theologie dar. Das Verhältnis von Mann und Frau (und Kindern) hat eine Geschichte, die mit der Entwicklung des Kapitalismus und des bürgerlichen Staates so eng verwoben ist, dass man von *einer* Entwicklung sprechen kann. Silvia Federici hat in *Caliban und die Hexe* die Marx'sche Kapitalkritik um die Kritik des Patriarchats ergänzt. Es handelt sich bei dieser Kritik nicht um eine bloße Erweiterung des marxistischen Projekts, sondern um einen Blickwinkel, der gerade das Proletariat als eine komplexere, weniger abgegrenzte Kategorie in Erscheinung treten lässt. Wenn MRX-Maschine sich der Prol-splitterung von der Geschichte der kapitalistisch-daddyfizierten Frauen her nähert, zeigt sich das Gesicht des ausgebeuteten Ausbeuters statt dem des heroisch leidenden Blocks der Unterdrückten. Wollte man Federicis Analyse in eine Parole oder eine Formel gießen, könnte es diese sein: Frauen wurden für Männer zu Waren, und Männer wurden für Frauen zu Arbeit. Man muss dabei von dem großen Missverständnis Abschied nehmen, es handle sich beim Patriarchat um eine Böswilligkeit *des* Mannes. MRX-Maschine kennt Männer und Frauen nur als historische Verkrustungen und ihr Verhältnis zueinander nur als gesellschaftlich verordnetes, juristisch und ökonomisch reguliertes Rollenspiel, wie das von Proletariat und Bourgeoisie. MRX-Maschine, der Prozess, den Marx' *Kritik der politischen Ökonomie* in Gang gesetzt hat, betrifft gerade die Trennung von Historiografie und Ökonomie. Ökonomiekritik fragt auch nach den Produktionsbedingungen von Geschichtsschreibung. Marx selbst stellt sich freundlicherweise als Beispiel für die Tatsache zur Verfügung, dass auch das Patriarchat als Produktionsbedingung des *Kapitals* sowie der Geschichtsschreibung in der bürgerlichen Gesellschaft eine entscheidende Rolle spielt, aber aus dem Bereich der Kritik, der Politik, der Ökonomie und der Historiografie gerne ausgeschieden wird. Dass das Patriarchat als Ausbeutungsverhältnis im Marx'schen *Kapital* ungenannt bleibt, ist »zugleich als ›Falsches‹ und als ›Nicht-Falsches‹ ein Moment des ›Wahren‹«[76], um es mit Georg Lukács zu sagen. Es ist ein Symptom der starken Naturalisierung der Stellung der Frau als ins Private eingeschlossene, unbezahlte Reproduktionsarbeiterin. Der Punkt ist nicht in erster Linie wichtig, weil die Frauenfrage eine gehobene Stellung in der Kritik einzu-

nehmen hätte, sondern weil durch die Frauenfrage, wie durch die Rassenfrage und die Frage
des Lumpenproletariats, das zentrale Element in
der Struktur des Proletariats erst sichtbar wird.
Wenn man auf diesen Teil der Geburt des Kapitalismus im Übergang vom Mittelalter zur Neu-
zeit blickt, wird deutlich, dass das Proletariat von
Anfang an als *Arbeiteraristokratie* fungierte. Dass
es schon immer mehr zu verlieren gab als nur
die Ketten. Dass Besitzstandswahrung von vornherein ein zentraler Stabilitätsfaktor der Ausbeutungsstrukturen war. Frauen wurden den um das
Gemeindeland betrogenen, männlichen Gemein-
degliedern als Kompensation zugesprochen.

> Gemäß diesem neuen Gesellschafts- und Ge-
> schlechtervertrag wurden proletarische Frauen
> für männliche Arbeiter zum Ersatz für das in-
> folge der Einhegungen verlorene Land. Sie wur-
> den zum grundlegensten Reproduktionsmittel
> und zu einem öffentlichen Gut, dessen sich jeder
> zu jeglichem Zeitpunkt bemächtigen konnte.[77]

Marx beschreibt im *Kapital* die Umwandlung des
Gemeindelandes, der gemeinschaftlich bewirtschafteten Lebensgrundlage der ländlichen Bevölkerung, in Privatbesitz. Durch diesen Entzug
der Subsistenzmöglichkeit entsteht der Zwang
zur *freien* Lohnarbeit. Bis heute lässt sich diese

Form der ursprünglichen Akkumulation jenseits der Wohlstandzentren beobachten. Konzerne bestechen Regierungen, die gemeinschaftlich bewirtschaftete Flächen ländlicher Selbstversorgergemeinden an diese Konzerne verkaufen und die Leute in die Lohnarbeit bzw. ins Elend der Arbeits- und Mittellosigkeit zwingen. Marx beschreibt sehr ausführlich, wie mit der Umwandlung der Commons in Privatbesitz eine Gesetzgebung einherging, die alternative Überlebensstrategien als Vagabundieren mit strengen Körperstrafen belegte. Federici zeichnet eine parallele, aber in gewisser Hinsicht tiefer in den Körper hineingehende Entwicklung für die Disziplinierung der weiblichen Privatisierungsopfer nach. Um die Frauen in die Abhängigkeit vom Mann zu zwingen, um sie als Trostgaben des Daddy-Staates an die Enteigneten verfügbar zu machen, werden Gesetze geschaffen, die den Frauen Lohnarbeit verbieten. Das bedeutet nicht, dass Frauen nicht arbeiten durften, sondern dass sie unter der Leitung und für den Verdienst des Mannes arbeiteten. Selbst wenn Frauen und Kinder Tätigkeiten außerhalb des Privatraumes ausübten, hatte nur der Mann das Recht, den Lohn für ihre Arbeit zu bekommen. Es war also nicht die Frauenarbeit, die keinen Lohn einbringen konnte, sondern die Frau. Faktisch verdient der Mann damit, seine Arbeitskraft gegen Lohn zu veräußern, so viel, dass er die entwertete Arbeitskraft der Frau als Ware (für Kost und Logis) erwerben kann. Die Frau arbeitet wiederum am Mann und für den Mann, um zu überleben. Alles, was die Frau produziert, geht in das Eigentum des Mannes über, damit verfügt er über ihr Mehrprodukt. Diese Struktur macht den Familienvater, egal wie ausgebeutet er selbst durch den Kapitalisten sein mag, zum Ausbeuter von Frau und Kindern. Damit ist nicht nur dem Arbeiter ein privater Herrschaftsbereich zugestanden, in dem er die Erniedrigung, die ihm durch die Ohnmacht des Lohnarbeitszwangs zugefügt wird, kompensieren kann, sondern die Familie wird auch zur Fabrik, in der auf die denkbar kostengünstigste Weise neue Arbeitskraft in Form von Kindern produziert wird. Zu leugnen, dass es sich bei der Familie um eine Reproduktionsfabrik handelt und im häuslichen Bereich Arbeit verrichtet wird, hat zur Folge, dass die Frauen nicht als Klasse, sondern als Naturgeschöpf wahrgenommen werden. Federici entschlüsselt die Inquisition und vor allem die Hexenverbrennungen als ein Mittel, Frauen zu disziplinieren. Die Verfolgung durch die Kirche richtete sich gleichermaßen auf die als Ketzerei geschmähten Revolten gegen die neue Gesellschaftsstruktur wie auch auf die als Hexerei verfolgte Abweichung von der Frauenrolle als Mutter und Ehefrau. Vor allem der Körper der

Frau wird unter staatliche Kontrolle gebracht. Traditionelle weibliche Praktiken der Verhütung und der Abtreibung werden mit hohen Strafen bedroht. Die Rolle alleinstehender Frauen innerhalb der Gemeinschaft wird dämonisiert. Sie dürfen nicht mehr allein oder mit anderen Frauen leben. Frauen werden vom Erbe, von Handwerksberufen und vom öffentlichen Leben der Gemeinde ausgeschlossen. Sie gelten als rechtlich unmündig, dürfen keine Verträge abschließen und über kein Vermögen verfügen. Durch die weitgehende Legalisierung von Vergewaltigungen wird der außerhäusliche öffentliche Raum für Frauen zur Gefahrenzone gemacht. Traditionell in der Gemeinschaft ausgeführte Arbeiten werden durch die Privatisierung der Gemeindeländer in den privaten Bereich eingeschlossen. Frauen werden voneinander und von der Dorfgemeinschaft isoliert. Das Frauenleben außerhalb der ehelichen Vormundschaft wird kriminalisiert. Die Populärkultur und die Lehre der Kirche vermitteln Praktiken und Techniken der Züchtigung und Zähmung als wünschenswerte Haltungen des Mannes gegenüber seiner Familie. Die ungezähmte Frau wird zur Schwäche des Mannes, die tugendhafte, fleißige, produktive zu seiner Auszeichnung. Zu Beginn der Entwicklung des Kapitalismus ist die proletarische Frau keineswegs nur in die Kernfamilie verbannt. Es entstehen

Räume weiblicher Arbeit, die keine oder geringe Bezahlung mit der Weiblichkeit der Arbeiterin rechtfertigen. Sie arbeitet z. B. im Haushalt reicher Familien für Unterkunft und Verpflegung oder als Prostituierte. In der Perspektive der bürgerlichen Frauenbewegung, die für ihr Recht auf Arbeit kämpft, verschwindet die Geschichte der Frauen, die in Knechtschaftsverhältnissen in den bürgerlichen Familien arbeiteten, ohne bezahlt zu werden. Kernfamilie und Hausfrau werden erst zum Modell der proletarischen Schichten, als die Bevölkerung in Form nationalstaatlicher Arbeitskraft ins Zentrum der Politik rückt. Das Problem der Reproduktion der Arbeitskraft musste erst als für die Industrie überlebenswichtiger und beeinflussbarer Faktor in den Blick geraten. Ein Gehalt, das ausreicht, um eine Familie zu ernähren, hält erst ab dem Ende des 19. Jahrhunderts als biopolitische Integrationsmaßnahme Einzug.

Angesichts der Tatsache, wie viele Frauen keine Kinder bekommen können oder wollen oder wie wenig Zeit das Schwangersein und Gebären im Leben einer Frau ausmacht, ist es absurd, ein ganzes Leben auf das Frausein als Gebärfunktion, auf die Genitalien zu reduzieren. Betrachtet man den Prozentsatz von Frauen, die zu einem bestimmten Zeitpunkt an irgendeinem Ort schwanger sind, gebären oder stillen im Verhältnis zu all den Frauen, die etwas anderes tun, erscheint die ganze biologisch-medizinische Erzählung, die sich um die Gebärfunktion dreht, als willkürlicher Gebärmutterzentrismus. Es scheint sinnvoller, die Gebärfunktion einer Gottheit zuzuschreiben als der Weiblichkeit des Körpers. Die Identifikation von Frau und Gebärfunktion ist jedoch nicht ohne Folge. Sie zieht eine Sozialisation von Frauen nach sich, die es als ihre Bestimmung ansehen, in der Konstellation der bürgerlichen Familie für die Reproduktion von Arbeiterinnen zu sorgen. In dieses Konstrukt fügt sich die Berufung ein, einen Mann als Erfüllung der eigenen Persönlichkeit zu suchen, Kinder zu gebären und diese gemäß der mütterlichen Pflichten zu einem gesellschaftlich verwertbaren Menschen zu erziehen. In der Marx'schen Gleichung von konstantem und variablem Kapital, die zur Erzeugung von Mehrwert benötigt werden, bildet die Arbeitskraft das variable Kapital. In der weiblichen Reproduktionsarbeit zeigt sich, dass auch Arbeitskraft produziert und reproduziert werden muss. Wie die Maschine als konstantes Kapital verfestigte Arbeitskraft darstellt, stellt die männliche Lohnarbeit eine Verfestigung der unbezahlten Reproduktionsarbeit in der häuslichen Fabrik dar. Erweitert sich die Sicht auf die Produktionsverhältnisse auf das Zusammenspiel aller gesellschaftlichen Apparaturen, zeigt sich die Familie als Zulieferbetrieb der Fabrik. In der klassischen Familienfabrik fungiert der Mann als Vorarbeiter der Frau. Die Teilung von Privat- und Arbeitsleben unterteilt die Sphäre von (Re-)Produktion der Arbeitskraft (privat) und Konsumtion der Arbeitskraft (Lohnarbeit), als hätte das eine mit dem anderen nichts zu tun. Das ist sehr holzschnittartig beschrieben, aber es macht deutlich, inwiefern die bürgerliche Familie eine notwendige Produktionseinheit des kapitalistischen Lohnarbeitssystems bildet, das auf die Reproduktion von Lohnarbeitern angewiesen ist. Geschlechterpolarität und Heteronormativität garantieren das Funktionieren des familiären Zuliefersystems, wie die Arbeitsteilung und Hierarchisierung im Betrieb das Funktionieren der Arbeitsabläufe gemäß der rationalisierten Betriebsabläufe absichert. Eine Arbeiterbewegung ohne Feminismus ist daher so, als würden die Kantinenköchinnen zum Generalstreik aufrufen, aber die Arbeiterinnen der Nudelfabrik ausschließen.

Das beschriebene Modell der patriarchalen bürgerlichen Familie wird gerne als bereits überwunden dargestellt. Als wäre es ein Atavismus, den die moderne westliche Demokratie noch hinterherschleift, in naher Zukunft aber gänzlich hinter sich lassen wird. In diese Erzählung fügt sich reibungslos das Bild *fremder* Kulturen ein, die hinterherhinken, noch an archaischen Tradi-

tionen festhalten und von westlichen Gleich-
berechtigungsvorkämpferinnen abgeholt und
aufgeklärt werden müssen. Dabei wird vergessen,
dass keine dieser *fremden* Kulturen wirklich in
Bezug auf die Geschichte des Kolonialismus und
den Weltmarkt als fremd gelten kann. Der freie
Markt und das Patriarchat existieren in wechsel-
seitiger Abhängigkeit voneinander. Wenn der
Kapitalismus droht, Familienstrukturen aufzu-
heben, so handelt es sich bei der bürgerlichen
Kleinfamilie um eine Struktur, die er selbst erst
durch die Zerstörung anderer Formen geschaffen
hat. Diese enge Beziehung muss die Aufmerksamkeit für die Errungenschaften der feministi-
schen Kämpfe schärfen, die der Allianz von Kapitalismus und Patriarchat *zum Trotz* erstritten
wurden. Allerdings haben diese Errungenschaften den Großteil der Frauen nur aus patriarchal
verschlüsselten in direkt kapitalistische Herrschaftsstrukturen gehoben, und oft nicht einmal
das. Sie wurden in einen Stand versetzt, in dem
die reicheren Frauen nun – wie die reicheren
Männer – das Recht haben, sich auf Kosten der
ärmeren freizukaufen oder freizuarbeiten. Der
Zusammenhang von Patriarchat und Kapitalismus ist systematisch, aber nicht statisch. Es finden
Verschiebungen statt, Spiele mit Charaktermasken, die im ersten Moment als Befreiungsschlag
erscheinen. Es sind komplexe Verstrickungen,

die sich an der einen Stelle lösen, um an einer anderen festergezurrt zu werden. Deswegen ist es wichtig, den Begriff des Patriarchats nicht einfach als dichotomisches Herrschaftsmodell zu verstehen, das Männern Herrschaft über Frauen verleiht. Es geht um eine höhere Wertung von Männlichkeit gegenüber Weiblichkeit, durch die Männer ebenso diszipliniert und dressiert werden wie Frauen. Soll die Emanzipation der Frauen nicht einfach darauf hinauslaufen, den Hochgeborenen unter ihnen ein Recht auf die vormals männlichen Machtmittel zur Unterdrückung der anderen zuzugestehen, dann reicht der rechtliche Rahmen nicht aus. Patriarchat übersetzt sich nicht einfach in Männer-, sondern in Väterherrschaft, womit eine Familienstruktur angesprochen ist, die den Sohn der Macht des Vaters ebenso aussetzt wie die anderen Familienglieder. Die Erzählungen der Eva-Knechtschaft und der Ham-Knechtschaft sind beides Geschichten des Patriarchats. Es ist eine Herrschaft, die den männlichen Männlichkeitsversager und Männlichkeitsanwärter nicht weniger trifft als die Frau. Das Patriarchat sorgt als System dafür, dass Feminisierung und Infantilisierung als Machtmittel eingesetzt werden. Es wirkt in beide Richtungen: Das Scheitern im Sinne ungeordneter, unmännlicher Familienverhältnisse setzt den Mann in der gesellschaftlichen Hierarchie herab.

Der Ausdruck der Charaktermasken lässt sich aus der Beschreibung der Produktionsverhältnisse in den »privaten« Bereich, der, wie oben beschrieben wurde, eben Teil der Produktionsverhältnisse ist, übersetzen, um den allseitigen Konformitätsdruck zu bezeichnen.

In Zeiten der Öffnung fast aller Arbeitsbereiche für Frauen findet das Zusammenspiel von Patriarchat und Kapitalismus zu neuen Variationen, ohne sich jedoch wesentlich aus der produktiven symbiotischen Beziehung zu lösen. Die Geschlechter werden von der Klassenspaltung durchkreuzt und die Klassen von der Geschlechterspaltung. Karriere bleibt, auch wenn Frauen zugelassen sind, an den Beweis männlicher Machtmittel gebunden. Solange Feminisierung für gesellschaftliche Deklassierung steht, ist der weibliche Körper auch in Machtpositionen als Mittel nutzbar, das im Machtkampf gegen Frauen verwendbar wird. Im richtigen Moment auf die Weiblichkeit der Konkurrentin hinzuweisen genügt, um sie in die Defensive zu bringen, aus der heraus sie ihre Männlichkeit zu beweisen hat. Männlichkeit zu beweisen heißt wiederum, sich seine Umgebung unterzuordnen. Es bleibt bei dem bewährten Mittel, Ausbeutung durch Ausbeutung anderer oder seiner selbst, Feminisierung durch die Feminisierung anderer oder seiner selbst zu entgehen.

Queer

Die Zukunft steht zum Fortschritt quer

Heiner Müller

Wo es um die Auflösung des Proletariats, um seinen Streik geht, muss es auch um die Auflösung der Weiblichkeit als Gegensatz zur Männlichkeit gehen. Fucking-Up und Cutting-Up überschneiden sich mit der Idee von Queerness als einer Öffnung von Identität, als Desidentifikation. Sich und andere nicht als weiblich oder männlich zu identifizieren, heißt Verhalten und Erscheinung nicht an der Norm der entgegengesetzten Zweigeschlechtlichkeit zu messen. Es hält die Welt für Handlungs- und Aushandlungsmöglichkeiten offen, die nicht im Repertoire der biologisch zugewiesenen Geschlechter vorgesehen sind. Queerness als Fucking-Up heißt innerhalb der Arbeiten, die der Männlichkeit oder Weiblichkeit zugeteilt werden, zu versagen, zu verweigern, zu streiken, statt zum Beispiel stoische Härte, heldenhaften Mut, richtungslose Freundlichkeit oder makellose Schönheit zu performen. Cutting-Up heißt, sich für die Bildung seiner Vorstellungen von sich in der Welt bei anderen als den zugeteilten Identitätsschubladen zu bedienen. Barbies Kopf auf dem Rumpf eines Stormtroopers.

Fucking-Up und Cutting-Up widersprechen der Eindeutigkeit, Zuordenbarkeit und Attraktivität von Männlichkeit und Weiblichkeit. Prol-Mutation im Queerness-Kontext heißt Männlichkeit und Weiblichkeit im Rahmen heterosexueller Reproduktion als Fabriken zu betrachten. Wir finden Sabotage, Streik, die Aneignung der Produktionsmittel und ihre Umnutzung als Aktionsformen wieder. Das Problem, um das herum sich Proletariat, Männer und Frauen gruppieren, besteht darin, dass sie ohne die Produktionsmittel, die sich in fremdem Besitz befinden, nicht existieren können und ihnen Geschlechterperformance als Arbeit gegen Lohn angeboten wird. Die Produktion der Normen von Männlichkeit und Weiblichkeit befindet sich im Besitz der Beauty-, Werbe-, Nahrungsmittel-, Unterhaltungs-, Mode- und Pornoindustrie. Als Warenförmigkeit oder Verdinglichungsformen werden weibliche, männliche, hetero- oder homosexuelle Identitäten als haltbare, von der Sphäre ihrer Produktion abgeschnittene innere Wahrheiten vorgestellt.

Der fremde Besitz ist zwar Eigentum, also mit bestimmten Menschen, die bestimmte Eigentumstitel halten, verknüpft, aber die Eigentümer sind nicht der Grund für das Eigentum. Nicht die Trägerin des Weiblichkeitstitels, sondern die kapitalistische Ordnung ist es, die ihr Eigentum und seinen Einsatz als Kapital strukturiert und reproduziert. Identifikation als Frau verpflichtet zum lebenslangen Dienst an der Weiblichkeit. Die Antwort darauf kann nur Aneignung, Enteignung und Streik sein. Dasselbe gilt für die heteronormative patriarchale Struktur, die *private* Fabrik, in der Männer und Frauen ihrem Zweitjob nachgehen. Queerness bestreikt, wenn sie nicht selbst zur verdinglichten Identität wird, dasjenige Tätigkeitsfeld, in das die klassischen Arbeiterinnenorganisationen nicht vordringen. Sie kämpft um die Enteignung, Aneignung und Reorganisation von scheinbar geschlechtsspezifischen Handlungsmustern, Fähigkeiten und Eigenschaften. Und zwar nicht im Sinne einer neuen gerechten Verteilung, als Aufteilung und gegenseitigem Ausschluss, sondern im Sinne eines Teilens. Cutting-Up als Ausschneiden und Abschneiden ist ein Leben und Sicheinrichten in den Bruchstellen. Ein Alltag zwischen Ruinen und Trümmern, Hehlerwaren und Raubkopien. Es kann nicht um die Einheit und Autorität einer neuen reibungs- und bruchlosen, mit sich selbst identischen Unversehrtheit gehen. Immer ist ein Schnipsel an der falschen Stelle, folgt der Blick den Spuren der Risse: Beulen und Haare an den falschen Körperstellen, Treppeneffekte, Verzerrungen, Störbilder, Stimmbrüche, Rückkopplungseffekte, Unschärfen, Auslassungen,

Verwechslungen, Übertragungsfehler. Die Lust am Cutting-Up, am Bruch, am Fuck-Up, am Streik, ist eine Gegenbewegung zur Sedimentierung der Gewohnheit, eine Sabotage dessen, was Althusser »Rituale der ideologischen Wiedererkennung«[78] nennt. Es ist ein Feiern der Abweichung von der heterosexuellen, weißen, gesunden, leistungsbereiten Norm, von der Dienstanweisung, der Marschordnung, der Eingliederungsvereinbarung. Die Abweichung bezeichnet nicht das Andere als autonome Sphäre, sie zielt auf die Beziehung zu dem ab, von dem es abzuweichen gilt. Es ist nicht die Sphäre des Individuums und nicht die bruchlose queere Identität, die abgrenzbare queere Subkultur, die neue queere Marktnische, auf die sie hinauswill. Der Rekrutierung zu entgehen ist komplizierter als das einmalige Überlaufen vom Lager der Hetero- zum Lager der Homosexualität. Vom Lager der Hausfrauen zum Lager der Karrieristinnen.

Es ist müßig, darüber zu streiten, ob biologische Zweigeschlechtlichkeit als materielle Basis der sozialen Geschlechterrollen existiert. Für MRX-Maschine ist Biologie als Letztbegründung, wie jeder andere Rückgriff auf die »Natur der Dinge«, der Versuch, den gesellschaftlichen Status quo durch Naturalisierung zu zementieren. Inter- und Transsexualität sind nur einige Beispiele dafür, dass ein Feld der Geschlechterpluralität sichtbar wird, sobald die Bereitschaft wächst, sich von der Bipolarität der Geschlechter zu lösen. Eine Pluralität, die eine Mannigfaltigkeit sexueller Praktiken und zwischenmenschlicher Beziehungsformen mit sich bringt. Wenn also von Frauen und Männern die Rede ist, dann als Verkörperungen eingeschliffener Praktiken der Medizin, Biologie, Pädagogik, des Familienlebens, des Sprechens. Der Gegensatz von maskulin und feminin durchwirkt alle Bereiche der bürgerlichen Gesellschaft. Das bedeutet nicht, dass das Geschlecht nicht real wäre. Es ist real als Handlung, als historisches Gewächs, als sachgerechter Umgang mit dem gegebenen Status quo, als Erwartung, die jedem sichtbaren Körper entgegenschlägt. Es ist real als Arbeitsplatz, als Büro und Fabrik der Reproduktionsarbeit. Es ist real und veränderungsbedürftig als Teil der kapitalistischen Anordnung der Dinge und Körper. Geschlecht als »notwendig produzierte[r] Schein«[79] hat einen ähnlichen Status wie der Warenfetisch. Auch hier dreht es sich, in der Marx'schen Formel ausgedrückt, »um ein gesellschaftliches Verhältnis der Menschen selbst, welches [...] für sie das Verhältnis von Dingen annimmt«.[80] Wir haben es mit historisch und räumlich verorteten bzw. institutionell verankerten Seh- und Handlungsgewohnheiten zu tun, die als natürlich und daher als universell bzw. unveränderlich erscheinen.

Insofern ist Queerness als Praxis des Ungewohnten/Gewöhnungsbedürftigen und gerade des vermeintlich *Unnatürlichen* Teil des revolutionären Projekts. Wo die Natur des Menschen oder der Dinge als Argument auftaucht, wird in erster Linie die außerhalb unserer Macht liegende Autorität einer unveränderlichen Ordnung beschworen. Jeder Angriff auf die Ordnung wird daher queer sein. Rosa Luxemburg beschreibt, wie Adam Smith sich vergeblich müht, einen natürlichen »Hang zum Tausche« nicht nur beim Menschen, sondern auch bei Hunden nachzuweisen. Während der bürgerliche Impuls darin besteht, die Natur als Garanten sowohl der patriarchalen als auch der rassistischen und kapitalistischen Ordnung zu verpflichten, wird der ideologiekritische Impuls auch von einer queeren, proletarischen, antirassistischen Reaktion getragen. Die antirassistische, proletarische, queere Verschwisterung wird nachvollziehbar in der Queerness-Lesart, die José Esteban Muñoz an den Beginn seiner Erforschung der *Queer Futurity* stellt: »Bei Queerness geht es im Wesentlichen um die Ablehnung des Hier und Jetzt und das Bestehen auf das Potenzial oder die konkrete Möglichkeit einer anderen Welt.«[81]

Es ist ein Missverständnis zu meinen, dass

sich Marxismus, Feminismus, antirassistische und antikoloniale Kämpfe um Gerechtigkeit oder Gleichberechtigung drehten. Mehr als um Recht geht es vielmehr um Bedürfnisbefriedigung und Glück jenseits der Waren- und Eigentumsform. Die Forderung nach Gleichberechtigung und Gerechtigkeit verbleibt im Kontext der bürgerlichen Ideologie, die Äquivalenz/Austauschbarkeit und höhere überkreatürliche Ordnung im Sinne einer Einheit als Gleichheit anstrebt. Die Forderung, ebenso ausgebeutet zu werden wie diejenigen, die eine Stufe höher stehen, etwas weniger brutal, etwas weniger lange, etwas besser angezogen, ändert nichts am Problem der Ausbeutung. Allerdings ließe sich die Frage auch in die entgegengesetzte Richtung verfolgen. Es wäre dann weniger die gesellschaftliche Ungleichheit problematisch als der universelle Zwang zur Herstellung von Vergleichbarkeit/Einheitlichkeit. In der »Kritik des Gothaer Programms« kritisiert Marx das Ziel einer universellen Gerechtigkeit als Gleichheit.

Es ist daher ein Recht der Ungleichheit, seinem Inhalt nach, wie alles Recht. Das Recht kann seiner Natur nach nur in Anwendung von gleichem Maßstab bestehn; aber die ungleichen Individuen (und sie wären nicht verschiedne Individuen, wenn sie nicht ungleiche wären) sind nur an gleichem Maßstab meßbar, soweit man sie unter einen gleichen Gesichtspunkt bringt, sie nur von einer *bestimmten* Seite faßt, z. B. im gegebnen Fall sie *nur als Arbeiter* betrachtet und weiter nichts in ihnen sieht, von allem andern absieht.[82]

Das Ziel kann daher weniger in der Herstellung von Gleichheit oder Gleichwertigkeit der individuellen Reichtümer bestehen als in einer Gemeinschaft, die die Vergleichbarkeit/Äquivalenz als Maßstab im Sinne der Waren hinter sich gelassen hat. Es ginge nicht mehr um eine gerechte/gleiche Aufteilung des Eigentums, sondern um das Teilen im Sinne der gemeinschaftlichen Nutzung, als Abschaffung des Privateigentums. Die Vorstellung einer solchen gemeinsamen Teilhabe statt des individuellen Eigentums lässt sich auf die Frage des Proletariats anwenden. Dann konstituiert sich das Proletariat weniger aus der Gleichheit oder dem Gleichklang vereinzelt erlebter Unterdrückungserfahrungen als aus der Gemeinsamkeit des Leidens an derselben systematischen Fehlkonstruktion der kapitalistischen Gesellschaft. Bestandteil dieser Fehlkonstruktion ist nicht allein, was man unter kapitalistischer Gesetzmäßigkeit im engeren Sinn versteht, sondern auch die patriarchale Struktur, die sich im Konstrukt von Privatheit, Natur und Arbeit verbirgt. Mit der gemeinsamen leidvollen Erfahrung am selben Problem bewegt sich die Unterdrückungserfahrung weg von einer eigentumsmäßig verstandenen Privaterfahrung. Es wäre der Versuch, eine Solidarität zu erdenken, die auf der Gemeinsamkeit des Problems basiert, parallel zu einer Ökonomie, die auf einer Gemeinsamkeit der gesellschaftlichen Reichtümer fußt. Die bürgerliche Ideologie verlängert sich noch in den Kampf gegen sie hinein, wo die Unterdrückungserfahrung im Kapitalismus nach dem Muster des Warentauschs unter dem Postulat der wechselseitigen Eigentumsexklusion[83] modelliert wird. Die Konzeption eines im Wesen des Individuums verortbaren und haltbaren Opferstatus fasst die Erfahrung unter den Gesetzmäßigkeiten des Kapitalismus als weitere Spielart eines Solipsismus des Privateigentums auf. Allein dass zwei Erfahrungen nicht vergleichbar sind, bedeutet nicht, dass sie nicht gemeinsam sind. Die Formulierung, die Marx in seiner »Kritik des Gothaer Programms« wählt, lässt sich auf die Kritik an der Gesetzmäßigkeit des Patriarchats übertragen: Genauso wie der Gerechtigkeitsbegriff, den Marx kritisiert, die Arbeiterinnen »*nur als Arbeiter* betrachtet und weiter nichts in ihnen sieht, von allem andern absieht«, ist eine Gleichberechtigungsforderung problematisch, die Menschen *nur als Frauen* bzw. *nur als Männer* betrachtet und weiter nichts in ihnen sieht, von allem andern absieht. Es geht nicht darum, Männer und Frauen gleich zu behandeln, sondern darum, die Illusion einer Vergleichbarkeit von Frauen gemäß der Norm der Weiblichkeit und ihrer vermeintlichen Unterscheidbarkeit von Männlichkeit aufzugeben. Die Basis der revolutionären Solidarität oder des revolutionären Subjekts wird im Potenzial zukünftiger Gemeinschaft[84] verortet. Wir haben den unerfüllten Wunsch, das Unbefriedigtsein gemeinsam. Darin besteht die Interessensgemeinschaft nicht nur mit den Lebenden, sondern auch mit den Toten, dass die Gesellschaft, die wir brauchen, die wir uns wünschen, in der Gegenwart verhindert wird. Das setzt ein queeres, ein ungewohntes und im bürgerlichen Verständnis unnatürliches Lesen voraus. Es ist ein Lesen, das sich vor dem futuristischen Glibber der Anwesenheit des Abwesenden nicht ekelt.

Graveyard

MRX-Maschine zielt, sofern es um Entgrenzung geht, auch auf Sex. Auf einen Sex allerdings, der nicht mehr vom Kapital kolonialisiert, der nicht mehr als Scheidung von Unternehmerphallus und Prol-Vagina praktiziert wird. Wo nicht mehr mit dem Money-Shot bei Geldautomatenejakulationen die Kasse klingelt. Fucking-Up ist eine Strategie, die mit der Verengung auf Potenz, Penetration und Ejakulation nicht übereinstimmt. Potenz, Penetration und Ejakulation sind in Warenform gegossener Sex, der zur besseren Abrechenbarkeit verdinglicht wird. Was ausgebeutet, was bearbeitet wird, ist die Angst vor Abweichung, die Angst davor abzufucken. Mit der Setzung von Potenz als Standard des Pornos wird aus der Angst vor dem Versagen Profit geschlagen. Ihm korrespondieren die Waren Viagra, Prostituierte, Pornos. Pornos sind die Streikbrecher der Sexfabrik. MRX-Maschine produziert von der Pornografenlinse aus gesehen nichts als Outtakes. An die Pornoindustrie und vor allem die Prostitution richtet sich die religionskritische »Forderung, den Zustand aufzugeben, der der Illusion bedarf«.[85] Der Porno hat als Massenware keine subversive Funktion, sondern disziplinierende Wirkung. Die gefürchtete Abweichung ist nicht, Pornos zu konsumieren, sondern die, zu wenig oder keinen Sex zu haben. Es ist fraglich, ob das, was als Intimität übrig bleibt, wenn die kapitalistischen Verdinglichungsformen bestreikt würden, noch Sex genannt werden könnte. Insofern ist MRX-Maschine nicht »Pro-Sex« im Sinne eines Labels, das Feministinnen versichern lässt, dem Sexarbeits- und Konsummarkt weiterhin zur Verfügung zu stehen. Paul B.

Preciado spricht in *Testo Junkie* von pharmako-pornografischen Technologien, von denen wir abhängig gemacht werden, indem unser Körper und unsere Psyche als Mangel konzipiert werden. Unser sexuelles Bedürfnis muss entweder Geld oder Kinder machen. Es ist nicht so, dass Männer Pornos brauchen, weil sie Männer sind. Es ist so, dass durch das Konsumieren von Pornos Männlichkeit im Zuschauer produziert und reproduziert wird. Sie brauchen Pornos nicht, weil sie Männer wären, sondern um Männer zu werden. Uns eine verdinglichte sexuelle Identität, ein individuelles sexuelles Verlangen einzupflanzen, heißt uns zu Arbeiterinnen an diesem Verlangen zu machen.

Sex abzufucken ist kein einfacher Move. Aber es gibt nacktsichtige Brüder, die sich nicht ins homophobe Schamregime eines fluchenden Noahs integrieren lassen und die phallokratische Selbstbehauptung sprengen. In einem Essay mit dem wunderbaren Titel »Is the Rectum a Grave?« bringt Leo Bersani die Zusammenhänge von Homophobie, Aids und Misogynie in einen Zusammenhang, der so verwickelt ist, dass sich darüber die sexuellen Identitäten, aber auch Sex als Ding, aufzulösen beginnen. Angesichts des begrabenen Marx und des nekrophilen Begehrens von MRX-Maschine stellt sich die Verbindung automatisch her. Bersanis Kritik entspringt der Psychoanalyse, verknüpft sich jedoch mit MRX-Maschine in den Fragen phallokratischer Machtvergewisserung, der Daddyfikation und der Frage des Eigeninteresses, das die ganze Zeit mehr oder weniger explizit mitschwingt. Bersanis These besagt, dass die bürgerliche heteronormative Gesellschaft in der homophoben Artikulation der Aidspanik Sex als Auflösung der Persönlichkeit, als Selbst- oder Identitätsverlust fürchtet.

> Wenn wir z. B. annehmen, dass die Unterdrückung der Frauen eine angstbesetzte männliche Reaktion auf die Verführungskraft sexueller Ohnmacht verdeckt, dann ist noch das brutalste Machotum in Wirklichkeit Teil eines Domestizierungs- oder gar Säuberungsprojekts. Das Streben, Sex allein als Macht zu performen, ist ein Projekt der Rettung, ein Unterfangen, das uns vor dem Albtraum ontologischer Obszönität bewahren soll, vor der Möglichkeit einer Auflösung des Menschen in sexuellen Intensitäten, vor einer Art selbstloser Kommunikation mit Wesen »niederer« Ordnung.[86]

MRX-Maschine als Leitung zu solchen »Wesen niederer Ordnung«, zum Scum, zum Ausfall, zur proletarischen Abspaltung, zum selbstvergessenen Zweifel, zur Hinkenden, die mit Lyotard gesprochen nicht weiß, ob sie »an den Raum und an die Zeit glaubt«, verhält sich auch zur Domestikation des Sexes unter den Vorzeichen der Macht und Ausbeutung als Saboteurin und Streikende. Klaus Theweleits Analyse faschistischer Bewegung als Strategie der phallokratischen Ordnung gegen die Angst vor der Auflösung in der Masse kommt aus einer ähnlichen Richtung. Wachstum des Kapitals durch die Ausbeutung der feminisierten Arbeiterinnenschaft spiegelt die Privilegierung der Erektion, der »Phallisierung des Egos«[87] gegenüber der gemeinschaftlichen Selbstlosigkeit/Eigentumslosigkeit. Wenn Bersani das utopische Projekt im Anschluss an Foucault als »Die Neuerfindung des Körpers als Fläche mannigfaltiger Quellen der Lust«[88] beschreibt, steht MRX-Maschine, mit den Füßen ja ohnehin im Grab, zur Ansteckung bereit und holt noch weiter aus, wenn sie mit der Kritik nicht nur an der verdinglichten Sexform, sondern auch an der Warenform, Gemeinschaft und Welt als Landschaft multipler Quellen des Genusses imaginiert, die sich nicht in Formen des Eigentums oder der rassischen, klassenmäßigen oder geschlechtlichen Identitäten bannen, umzäunen, hierarchisch ordnen und vor allem ausbeuten lassen.

Grabraub, Virusinfekt und Pilzbefall

Alles, was Ihr wissen müsst, ist,
dass alles Scheiße ist!

Abfukk[89]

MRX-Maschine ist eine Bewegung, die nicht bei der Konzeption des Industrieproletariats des 19. Jahrhunderts stehenbleiben kann. Die Konstitution des Subjekts im Kapitalismus muss von der Spaltung her verstanden werden, mit der die Herrschaft des Kapitals die Individuen, die Familien, die lokalen Gemeinschaften, die Klassen und die Ausgebeuteten überhaupt durchkreuzt. Die traurige Geschichte des Proletariats ist eine von Spaltungen entlang der Klassen, des Geschlechts, der Rassen, der Nationen, der Konfessionen und der Kulturen. Die Hoffnung ist, dass ein Verständnis des Spaltungsmechanismus seine Wirkung durchkreuzt. Dieser Schritt bedeutet, von der Illusion des autonomen Subjekts Abschied zu nehmen und die Rolle der eigenen Gruppe als Herrschaftsinstrument, als Knüppel gegen seinen Nachbarn, in der Hand der herrschenden Kapitalinteressen zu verstehen. Aus der Perspektive des Instruments, als Maschine, stellt sich die Frage, ob man im Sinne der Herrschaftsinteressen funktionieren will oder nicht. Ob man als Aufseher, als Zuhälter, als Vorarbeiter und Erzieher durch die Gegend laufen will oder ob man diese Jobs bestreikt und abfuckt. So gesehen wird jeder Fuck-Up zu einem Moment, an dem sich entscheidet, auf welcher Seite man steht. Von der Position des Streiks, des Fuck-Ups, des Desertierens aus auf die Welt und die sich unmittelbar um einen herum entfaltenden Situationen zu blicken, bedeutet, die von einem geleistete Reproduktionsarbeit aufzuspüren. Es ist ein Standpunkt, der sich aus der Faulheit, aus dem Unglauben, aus dem Burn-out, aus dem Widerspruch des Lebens im Kapitalismus, aus der von ihm aus zurückstrahlenden Kaputtheit, aus dem Streik, ergibt. Es ist eine Form der Kapitulation und des Defätismus. Nur ist es nicht unbedingt schlecht, in der Mitte eines tobenden Weltkriegs die Position der Kapitulation einzunehmen. Es ist die Art einer Kapitulation, die eine Kriegserklärung an die allgegenwärtig und selbstverständlich gewordene Gewinnsucht darstellt. Nicht unbedingt aus der moralischen Überlegenheit heraus, sondern aufgrund einer Verhinderung, einer Erschöpfung, einer Krankheit, einer Fehlfunktion, eines Missverständnisses, oder weil es Besseres zu tun gibt.

MRX-Maschine ist auch der Versuch, mit der technikversessenen Konsumkultur und der um sich greifenden Cybereuphorie umzugehen. In dieser Hinsicht ist sie Maschine wie der Schachautomat, von dem Walter Benjamin spricht, mit Anmutung einer Matrjoschka: Maschine, in der ein Mensch sitzt, in dem eine Maschine sitzt, in der wiederum ein Mensch sitzt. Darin setzt sich auch das Wechselspiel von Theologie und historischem Materialismus fort. Einmal, weil in diesem Anschluss an Marx auch ein Anschluss an die messianische Hoffnung auf eine andere Menschengemeinschaft mitübertragen wird, und weil Kapitalismus selbst nicht einfach nur ökonomisch-materielle Konstellation ist, sondern auch Religion, der man mit dem Fanatismus der Ketzerin gegenübertritt.

MRX-Maschine entsteht zu einer konkreten Zeit, an einem bestimmten Ort. Sie ist nicht universell einsetzbar und muss den Markt nicht überschwemmen. Die Frage »Was wäre, wenn das alle machen würden?« erledigt sich von diesem Standpunkt aus. Es ist ein Unterschied, ob man mit dem Blick des Herrschers auf ein zu ordnendes Reich hinabsieht oder aus der Mitte des Geländes heraus einen Pfad verfolgt. MRX-Maschine spricht nicht für andere, sondern als andere. Sie ist Teil einer größeren Bewegung, einer MRX-Fabrik, wenn man so will. Die universitären Disziplinen und die Strategien des Wissenschaftsmarketings mögen sich mit Blick auf die Bilanzen bemühen, ein anderes Bild abzugeben, aber für MRX-Maschine stellt jeder spannende kritische Standpunkt der letzten hundertfünfzig Jahre die Verlängerung einer Route durch den einen oder anderen Teil des Marx'schen Textgeflechts dar. Es ist keine Lehrer-Schüler-Beziehung, sondern eine Gemeinschaft, die darin besteht, dass man vom selben Pilz gegessen, vom selben Pilz befallen wurde. Tatsächlich öffnet sich eine unendliche Vielzahl von Routen, sobald der Selbstverständlichkeit von Warenform und Verdinglichung der Boden vermeintlicher Natürlichkeit entzogen wird. Vom Pilz aus eröffnet sich eine Sichtweise, die nicht ungesehen gemacht werden kann.

Die amerikanische Pilzwissenschaftlerin Anne Pringle erforscht auf dem Petersham Friedhof Flechten, die sich auf Grabsteinen ansiedeln. Ihre Beschreibung dieser sonderbaren Lebensform inspiriert dazu, viele der zentralen Konzepte unserer Kultur infrage zu stellen. Begriffe wie Kollektivität und Individualität, Altern und Unsterblichkeit sowie Wachstumsraten geraten angesichts der Unidentifizierbarkeit von Pilzen und Flechten als Individuen ins Wanken. Die

Flechten scheinen sich zu weigern, mit sich selbst identisch zu bleiben. Die Unmöglichkeit innerhalb der Wucherungen, Individuen voneinander abzugrenzen, deutet auch so etwas wie Unsterblichkeit an. Eine Unsterblichkeit, der wir auch bei marxistisch besessenen Verweigerern der bürgerlichen Autonomie und Individualität wiederbegegnen. Der Black-Panther-Aktivist Fred Hampton, der im Dezember 1969 während einer von FBI und Chicagoer Polizei gemeinsam geplanten Aktion ermordet wurde, hat – in weiser Voraussicht – die Anleitung zum Umgang mit seinem Verschwinden schon zu Lebzeiten formuliert:

Es kann sein, dass wir nicht zurückkommen. Vielleicht lande ich im Gefängnis. Vielleicht lande ich irgendwo anders. Aber wenn ich Euch verlasse, werdet Ihr Euch daran erinnern, dass meine letzten Worte waren: Ich bin ein Revolutionär. Und Ihr werdet das immer und immer wieder sagen müssen. Ihr werden sagen müssen: Ich bin das Proletariat, *I am the people.*[90]

Statt als totes Individuum betrauert zu werden, hofft er, ansteckende Wirkungen zu entfalten. Heiner Müller schlägt für die Auferstehung Lenins ein ähnliches Programm des Grabraubs oder der Ansteckung vor: »Erst wenn er aus dem

Mausoleum raus ist. Dann ist der Virus wieder freigesetzt.« Die Einzelne tritt in diesem Verständnis nicht als Hüterin ihres Eigentumsbereiches in den Fokus, sondern als Erregerin und Trägerin viraler Lebensformen, als Maschinenteil, als Besessene, als Verstrahlte und Infizierte.

Der Text stellt daher nicht in erster Linie eine Aussage über die Situation dar, sondern ein Hineinschreiben in die Situation. Dahinter verbirgt sich nicht nur Wortspielerei, sondern das Ablegen einer hierarchischen Position, die das Feld zu überblicken meint und den gegenseitigen Einfluss von Blick und Welt verkennt. Es geht nicht darum, radikale marxistische Positionen, die Gewerkschafts- oder Parteiarbeit zu widerlegen oder zu ersetzen, sondern als Teil der Maschinerie neben sie zu treten. MRX-Maschine kann Arbeitskraft nicht ersetzen und optimieren, sondern nur verschwenden. In ihr ist das zentrale Anliegen verbaut, den marxistischen Werkzeugkasten nicht aufzugeben und durch *angemessenere* oder *passendere* Begriffe zu ersetzen. Weil sich am Konflikt der Begriffe mit der heutigen Situation nicht unbedingt die Falschheit der Begriffe, sondern viel eher die Falschheit der Situation und ihrer Selbstverständlichkeit abzeichnet. Es sind die Begriffe des Proletariats, der Klasse, des bürgerlichen Bewusstseins und des Kapitals, von dem aus kritisiert werden kann, was die *Ange-*

messenheit, das Zeitgemäße und das *Passen* von Begriffen bedeuten soll. Es ist der historische Zugriff, der etwas davon überliefern kann, welche Verluste und welche Gewalt hinter der Angemessenheit und dem Passen liegen. Rosa Luxemburg betont 1907 in einer Rede über die »›taktlose‹ Taktik« des russischen Proletariats gegenüber dem bürgerlichen Liberalismus, »wie unmöglich es der Natur der Sache nach für das Proletariat ist, diese ›Taktlosigkeiten‹ zu vermeiden«.[91] Mit dem Wort Taktlosigkeit ist die MRX-Maschine-Bewegung und ihr Interesse am Proletariat treffend beschrieben. Es ist nicht nur die Taktlosigkeit des Proletariats, sondern auch die Taktlosigkeit gegenüber dem Proletariat, die ihm die Verkleidung der männlichen englischen Industriearbeiterschaft des 19. Jahrhunderts vom Körper reißt und seine Scham freilegt. Nacktsichtigkeit der Ham-Geschwister ist vom Kapital, vom Chefsessel aus gesehen reine Taktlosigkeit.

Wenn man MRX-Maschine auf eine Formel herunterkochen wollte, lautete sie Fuck-UP + Solidarität = Revolution. Es ist eine Formel, die nicht allein funktioniert, die ein anderes oder eine andere miteinbezieht. Sie funktioniert nur als kollektive Praxis. Zu einer, die abfuckt, gehört immer eine, die sich solidarisch zeigt.

Mehr ist nicht drin.

Anmerkungen

1   Vgl. Max Horkheimer, Theodor W. Adorno, *Dialektik der Aufklärung. Philosophische Fragmente*, Frankfurt am Main 2003, S. 149.

2   Die Verwandtschaft miteinander konstituiert sich nicht durch die gemeinsame Herkunft oder Identität, sondern im paranoischen Blick, der aus der Mitte der bürgerlichen Ordnung auf sein anderes herabsieht. Bei dem Metal-Forscher Keith Kahn-Harris findet sich ein Beispiel solcher unbeabsichtigten inquisitorischen Vaterschaft im Sinne einer häretischen Verwandtschaft: »1999 attackierte der Präsidentschaftskandidat Gary Bauer eine Reihe ›anti-katholischer‹ Künstler, unter anderem die ›homosexuelle Musikgruppe Rotting Christ‹. Rotting Christ ist eine griechische Black-Metal-Band, von der keine Verbindungen zum Thema Homosexualität bekannt sind« (Keith Kahn-Harris, Extreme Metal. Music and Culture on the Edge, Oxford/New York 2007, S. 28) – *but now they know!* Es war der Präsidentschaftskandidat selbst, der in seiner paranoischen Abwehr eine Beziehung hergestellt hat, die es jetzt auszubauen gilt. Auf diese Weise werden wir vom Feind auf verschollene Geschwister aufmerksam gemacht. Während die Zensur meint, durch das Rückwärtsabspielen der Platten geheime satanistische Botschaften zu entlarven (Judas Priest), lassen sich vielmehr in

ihren Fehlleistungen geheime Botschaften entdecken.

3   Gil Scott-Heron, »The Revolution Will Not Be Televised«, auf: *Pieces of a Man* (Flying Dutchman, 1971).

4   Walter Benjamin, *Das Passagen-Werk*, in: ders., *Gesammelte Schriften*, Bd. V.1, Frankfurt am Main 1991, S. 571.

5   Vgl. Parliament, »P. Funk (Wants to Get Funked Up)«, auf: *Mothership Connection* (Casablanca, 1975).

6   Vgl. »Spitzelbericht der preußischen Polizei«, in: Hans Magnus Enzensberger (Hg.), *Gespräche mit Marx und Engels*, Frankfurt am Main 1973.

7   Alfred Sohn-Rethel, *Das Ideal des Kaputten. Über neapolitanische Technik*, Bremen 2008, S. 14.

8   Heiner Müller im Gespräch mit Alexander Kluge, August 1994, zitiert in: *Drucksache N. F.* 1 (1999), S. 6.

9   Rosa Luxemburg, »Die Ordnung herrscht in Berlin«, in: dies., *Gesammelte Werke*, Bd. 4, Berlin 2000, S. 534.

10 Jean-François Lyotard, *Philosophie und Malerei im Zeitalter ihres Experimentierens*, Berlin 1986, S. 28.

11 Weswegen das Lesen auch nicht erholsam sein kann, denn Erholung/Wellness hat seinen Platz in der Technik der Ausbeutung als Reproduktion der Arbeitskraft. Aber wenigstens für die Dauer des Arztbesuchs steht uns ein Krankenschein zu.

12 Karl Marx an Joseph Weydemeyer am 1. Februar 1859, in: *Karl Marx und Friedrich Engels Werke* [MEW], Bd. 29, Berlin 1979, S. 570.

13 The Coup, *Steal This Album!* (Dogday Records, 1998).

14 Karl Marx, »Zur Kritik der Hegelschen Rechtsphilosophie. Einleitung«, in: MEW 1, Berlin 1976, S. 391.

15 In Bachmanns Text können auch die 45-Stunden-Woche, Kranken-, Unfall- und Lebensversicherung, Rummelplätze, Sportplätze und Kinos den Zweifel nicht beruhigen.

16 Ingeborg Bachmann, »Der Schweißer«, in: dies., *Werke*, Bd. 2: *Erzählungen*, München 1978, S. 74 f.

17 Marx, »Zur Kritik der Hegelschen Rechtsphilosophie. Einleitung«, S. 391.

18 Ingeborg Bachmann, *Malina*, in: dies., *Werke*, Bd. 3: *Todesarten: Malina und unvollendete Romane*, München 1978, S. 240 f.

19 Der Duden verweist noch auf eine veraltete militärische Bedeutung des Ausfalls: »Aus einer feindlichen Umklammerung oder Einschließung ausbrechen, einen Ausfall machen.« Die Bedeutungsüberschneidung vom Rettungsmanöver in einer vermeintlich ausweglosen Situation und dem Ausfall im Sinne des Desertierens, Kaputtgehens, Verlierens oder der Kapitulation markiert den Einsatzbereich von MRX-Maschine oder das, was weiter oben eine paradoxe Strategie als Antwort auf eine paradoxe Situation genannt wurde.

20 Alfred Sohn-Rethel, *Geistige und körperliche Arbeit. Zur Epistemologie der abendländischen Geschichte*, Weinheim 1989, S. 5.

21 Louis Althusser, *Ideologie und ideologische Staatsapparate*, in: ders., *Ideologie und ideologische Staatsapparate*, 1. Halbband, Hamburg 2010, S. 82.

22 Ebd., S. 97.

23 Karl Marx, *Der achtzehnte Brumaire des Louis Bonaparte*, in: MEW 8, Berlin 1960, S. 196.

24 So legitimierte Aung San Suu Kyi durch ihr Schweigen *als Friedensnobelpreisträgerin* (1991) zur Lage der Rohingya in Myanmar deren Ausschließung, Internierung und Ermordung.

25 Bertolt Brecht, *Über Kunst und Politik*, Leipzig 1977, S. 95

26 Ebd.

27 Karl Marx, »Marx an Sigfrid Meyer und August Vogt in New York«, in: MEW 32, Berlin 1947, S. 667 f.

28 Lars Heide hat eine sehr ausführliche technik-soziologische Studie zur Lochkartentechnik verfasst, in der die Geschichte ihrer Entwicklung und Verbreitung genau nachverfolgt wird. Die folgende Analyse verdankt dieser wunderbar detaillierten Darstellung viel: Lars Heide, *Punched-Card Systems and the Early Information Explosion, 1880–1945*, Baltimore 2009.

29 Vgl. Howard Zinn, Eine Geschichte des amerikanischen Volkes, Hamburg 2013, S. 276.

30 Ebd., S. 274 f.

31 Donna Haraway, »Anthropocene, Capitalocene, Chthulucene: Staying with the Trouble«, online abrufbar unter {http://opentranscripts.org/transcript/anthropocene-capitalocene-chthulucene}, letzter Zugriff am 07.01.2018 (Übersetzung L. M.).

32 Vgl. Raul Hilberg, *Die Vernichtung der europäischen Juden*, Bd. 1, Frankfurt am Main 1993, S. 70 ff.

33 Götz Aly und Karl Heinz Roth, *Die restlose Erfassung. Volkszählen, Identifizieren, Aussondern im Nationalsozialismus*, Frankfurt am Main 2000, S. 18.

34 »Richtlinien zu § 1 a Abs. 3 des Reichsbeamtengesetzes in der Fassung des Gesetzes vom 30. Juni 1933 (Reichsgesetzbl. I S. 433). Vom 8. August 1933«, online abrufbar unter {www.documentarchiv.de/ns/rbeamtenges-1a_rtl.html}, letzter Zugriff am 10.01.2018.

35 Aly/Roth, *Restlose Erfassung*, S. 62.

36 Ebd., S. 139.

37 Versicherungsunternehmen gehörten zu den ers-

ten privatwirtschaftlichen Kunden Holleriths. Der Anwendungsbereich der Lochkartentechnik innerhalb der Versicherungsstatistik betrifft die Daten zur Sterblichkeit von Industriearbeitern. Strukturell ist der Mensch innerhalb der Lochkartentechnik Trägerin oder Eigentümerin von Eigenschaften statt Akteurin. Analog zur Warenform wird der Mensch als Datenform von den Produktionsbedingungen dieser Daten abgeschnitten. Innerhalb dieser Praxis erscheinen z. B. Industriearbeiter als kurzlebige Wesen unabhängig von den mörderischen Arbeitsbedingungen, gesundheitsgefährdenden Wohnverhältnissen und lächerlichen Hungerlöhnen. Das frühe Sterben ist Teil seiner Identität. Die Konsequenz dieser Feststellung ist, dass die Kosten der Versicherung dementsprechend neu kalkuliert werden, nicht, dass man die Arbeitsbedingungen verbessert. Die Daten werden registriert, um sie sich zunutze zu machen, um vom Status quo zu profitieren. Die Kurzlebigkeit wird so behandelt, als wäre sie angeboren. Dieses Verfahren korrespondiert mit der Ansicht der Eugenik, dass sich Eigenschaften wie Armut, Krankheit, Bildungsmangel und Kriminalität vererben und man ihnen mit der Auslöschung des Erbguts durch Sterilisation beizukommen habe.

38 Kurt Passow, »Das ›Maschinelle Berichtswesen‹ als Grundlage für die Führung im II. Weltkrieg«, in: *Wehrtechnische Monatshefte* 62 (1965), Heft 1, S. 5.

39 Bartolomé de Las Casas, *Historia general de las Indias*, zit. nach Zinn, *Geschichte des amerikanischen Volkes*, S. 13.

40 Vgl. Bartolomé de Las Casas, *Kurzgefaßter Bericht von der Verwüstung der Westindischen Länder*, Frankfurt am Main 2005.

41 Aly/Roth, *Restlose Erfassung*, S. 160.

42 Klaus Theweleit, *Männerphantasien*, Bd. 1: *Frauen, Fluten, Körper, Geschichte*, Reinbek bei Hamburg 1980, S. 448.

43 Heinrich Himmler, »Rede des Reichsführers SS bei der SS-Gruppenführertagung in Posen am 4. Oktober 1943«, online abrufbar unter {www.1000dokumente.de/pdf/dok_0008_pos_de.pdf}, letzter Zugriff am 10.01.2018.

44 Walter Benjamin, »Das Kunstwerk im Zeitalter seiner technischen Reproduzierbarkeit«, in: ders., *Gesammelte Schriften*, Bd. I.2, Frankfurt am Main 1991, S. 506.

45 Aly/Roth, *Restlose Erfassung*, S. 30.

46 Vgl. Theweleit, *Männerphantasien*, S. 448.

47 Rosemarie Killius, »Die Blitzmädchen oder die weibliche Seite des Krieges. Zeitzeuginnen berichten: Wehrmachthelferinnen im Zweiten Weltkrieg«, online abrufbar unter {www.forschung-frankfurt.uni-frankfurt.de/36050321/Zeitzeugen-berichten-Wehrmachtshelferinnen-im-Zweiten-Weltkrieg-18-21-II.pdf}, letzter Zugriff am 08.01.2018.

48 Ebd.

49 Clara Zetkin, »Für die Befreiung der Frau! Rede auf dem Internationalen Arbeiterkongreß zu Paris, 19. Juli 1889«, in: dies., *Ausgewählte Reden und Schriften*, Bd. 1: *Auswahl aus den Jahren 1889 bis 1917*, Berlin 1957.

50 Zu den Profiteuren gehörten in erster Linie zahlreiche deutsche Konzerne mit Sitz in Deutschland, unter anderem IG Farben (heute u. a. Bayer, BASF), Audi, Deutsche Bank und Siemens.

51 Harun Farocki, *Nicht löschbares Feuer* (D, 1969).

52 Peter Davis, *Hearts and Minds* (USA, 1974).

53 Otto von Bismarck, *Die gesammelten Werke*, Bd. 9: *Gespräche*, Teilband III: *Von der Entlassung bis zum Tode Bismarcks*, Berlin 1926, S. 195 f.

54 Malcolm X, »Message to the Grassroots«, online abrufbar unter {http://rcha.rutgers.edu/images/2016-2017/1960s/Documents/12.-RCHA-2016-The-Culture-of-the-Sixties-Malcolm-X-Message-to-the-Grass-Roots-condensed-1963.pdf}, letzter Zugriff am 10.01.2018 (Übersetzung L. M.).

55 Cedric J. Robinson, *Black Marxism. The Making of the Black Radical Tradition*, Chapel Hill 1983, S. 26 (Übersetzung L. M.).

56 Schon Sohn-Rethels Warenformanalyse macht die Behauptung von Bruch und Fortschritt problematisch.

57 Die Psychoanalyse hat Noahs Fluch als Verdrängung homosexuellen Verlangens interpretiert, was für die Knechtschafts- und Ausbeutungs-Konstellation und letztlich für die Analyse der Warenform interessante Fragen aufwirft. Die Ausbeutung, durch die die Ware vom Produzenten getrennt wird, könnte als Verhalten beschrieben werden, durch das das eigentliche Begehren nach Vereinigung mit dem anderen verdeckt wird und tragischerweise unbefriedigt bleiben muss. Wir lassen es an dieser Stelle bei dem Hinweis bewenden, dass die Verwobenheit, die Bell Hooks mit dem Namen *white supremacist capitalist patriarchy* bezeichnet, und damit die Begründung einer queer-feministisch-antirassistisch-antikapitalistischen Solidarität, weiterreicht, als ein einzelner Text wie dieser hier.

58 Marx, *Der achtzehnte Brumaire*, S. 160.

59 Robinson, *Black Marxism*, S. 63 (Übersetzung L. M.).

60 Laut Berliner Pilsner.

61 Vgl. »»Irgendwann wird der Kapitalismus vorbei sein«. Norbert Walter und Elmar Altvater: Banker und Marxist im Gespräch«, in: *ZEIT-Geschichte. Karl Marx. Der Prophet der Krise* 03/2009, S. 40.

62 In seiner Kolumne »Walters Winkel« in der Welt vom 23. November 2008 spricht Norbert Walter auch von einer »Therapierung der Krise«.

63 Max Weber, *Die protestantische Ethik und der Geist des Kapitalismus*, in: ders., *Gesammelte Aufsätze zur Religionssoziologie*, Bd. 1, Tübingen 1988, S. 55.

64 L(esbisch)-G(ay)-B(isexuell)-T(rans)-Q(eer/questioning)-I(ntersexuell)-A(lliiert/asexuell). Wer eine ausführlichere Erklärung sucht, kann sich z. B. auf {www.rainbowproject.eu/material/de/glossary.htm} durchs Glossar klicken (letzter Zugriff am 10.01.2018).

65 Weber, *Die protestantische Ethik*, S. 31. Kursivsetzung und Ausrufezeichen im Original.

66 Karl Marx, *Das Kapital. Kritik der politischen Ökonomie*, Bd. 1, in: MEW 23, Berlin 1968, S. 169.

67 Theodor W. Adorno, *Minima Moralia. Reflexionen aus dem beschädigten Leben*, in: ders., *Gesammelte Schriften in 20 Bänden*, Bd. 4, Frankfurt am Main 1997, S. 20.

68 Vgl. Weber, *Die protestantische Ethik*, S. 108.

69 Ebd., S. 110.

70 Ebd., S. 120.

71 Übersetzt man die kapitalistische Grundlage der totalen Austauschbarkeit aller Menschen in die Frage der Theodizee (Warum lässt ein Gott, der gleichzeitig gut und allmächtig ist, zu, dass es so viel Leid unter den Menschen gibt?), so lautet die Antwort: Weil Gott sie zum Leiden verdammt hat, weil sie es nicht anders verdient haben, weil die Leidenden anders als die Erfolgreichen nicht auserwählt sind. Ihr Leid, ihre Armut wird zu Gottes Zeichen/Markierung für ihre ewige Verdammnis.

72 Marx, »Zur Kritik der Hegelschen Rechtsphilosophie. Einleitung«, S. 379.

73 Valerie Solanas, *Manifest der Gesellschaft zur Ver-
    nichtung der Männer SCUM*, Frankfurt am Main
    1969, S. 75.

74 Ebd., S. 68.

75 Georg Lukács, *Die Verdinglichung und das Bewußt-
    sein des Proletariats*, in: ders., *Geschichte und Klas-
    senbewußtsein. Studien über marxistische Dialektik*,
    Neuwied/Berlin 1970, S. 178.

76 Georg Lukács, »Vorwort (1922)«, a. a. O., S. 57.

77 Silvia Federici, *Caliban und die Hexe. Frauen, Kör-
    per und die ursprüngliche Akkumulation*, Wien
    2012, S. 118.

78 Althusser, *Ideologie und ideologische Staatsapparate*,
    S. 87.

79 Georg Lukács, »Was ist orthodoxer Marxismus?«,
    in: ders., *Geschichte und Klassenbewusstsein. Stu-
    dien über marxistische Dialektik*, Neuwied/Berlin
    1970, S. 66.

80 Marx, *Das Kapital*, S. 86.

81 José Esteban Muñoz, *Cruising Utopia. The Then and
    There of Queer Futurity*, New York 2009, S. 1 (Über-
    setzung L. M.).

82 Karl Marx, »Kritik des Gothaer Programms«, in:
    MEW 19, Berlin 1973, S. 21.

83 Sohn-Rethel, *Geistige und körperliche Arbeit*,
    S. 37 ff.

84 Gemeinschaft ist vielleicht zu schwammig. Es geht
    analog zu Besitzverhältnissen um so etwas wie
    Commons.

85 Marx, »Zur Kritik der Hegelschen Rechtsphiloso-
    phie. Einleitung«, S. 379.

86 Leo Bersani, »Is the Rectum a Grave?«, in: ders., *Is
    the Rectum a Grave? and other Essays*, Chicago
    2010, S. 29 (Übersetzung L. M.).

87 Ebd., S. 25.

88 Ebd., S. 37.

89 Abfukk, »Alles, was ihr wissen müsst«, auf: *Asi. Arrogant.Abgewrackt* (Twisted Chords, 2010).

90 Vgl. {https://en.wikiquote.org/wiki/Fred_Hampton}, letzter Zugriff 10.01.2018 (Übersetzung L. M.).

91 Rosa Luxemburg, »Über die Rolle der Bourgeoisie in der Revolution 1905/06 in Rußland«, in: dies., *Gesammelte Werke*, Bd. 2, Berlin 1972, S. 218.

Danke fürs Verbündetsein, die Ansteckungen und den Anschub an Caroline Böttcher, Jule Flierl, Helmut Höge, Thomas Martin und vati.

Zweite Auflage Berlin 2018
Copyright © 2018
MSB Matthes & Seitz Berlin Verlagsgesellschaft mbH
Göhrener Str. 7 | 10437 Berlin
info@matthes-seitz-berlin.de
Alle Rechte vorbehalten
Satz: psb, Berlin
Druck und Bindung: Art Druk, Szczecin
Umschlaggestaltung nach einer Idee
von Pierre Faucheux
ISBN 978-3-95757-548-7
www.matthes-seitz-berlin.de